Hans-Ulrich Wehler

«Eine lebhafte Kampfsituation»

Ein Gespräch mit
Manfred Hettling und Cornelius Torp

Verlag C. H. Beck

Satz, Druck und Bindung: Druckerei C.H. Beck, Nördlingen
Foto: © Tom Specht
Umschlagentwurf: + malsy, Willich
Printed in Germany
ISBN-10: 3 406 54146 1
ISBN-13: 978 3 406 54146 9

www.beck.de

Inhalt

Vorwort

Auch professionell geschulte Selbstkritik vermag wenig daran zu ändern, daß sich in Selbstbeschreibungen Dichtung und Wahrheit vermischen. Dabei liegt die schöpferische Kraft der Phantasie weniger im Erfinden von Erlebnissen als im Arrangieren des Erinnerten. Dennoch strahlt Autobiographisches eine Faszination aus, die guter Geschichtsschreibung nicht nachsteht. Ein Gespräch über das eigene Leben mit einem Historiker verspricht im Idealfall beides zu verbinden – autobiographisches Erzählen mit der Interpretation von Zusammenhängen.

Das vorliegende Gespräch versucht nicht primär, Vergangenes zu schildern und unbekannte Aspekte einer Biographie ans Licht zu bringen, sondern fragt nach Entwicklungen und verschütteten Alternativen, nach Wahrnehmungen und Deutungen. Das Schwergewicht liegt weniger auf dem Lebenslauf als auf den sich ändernden wissenschaftlichen und politischen Konstellationen. Wenn Hans-Ulrich Wehler zu einem der bedeutendsten Historiker der deutschen Nachkriegszeit wurde, liegt das nicht nur an seiner individuellen Leistung, sondern auch am historischen Kontext. Er selbst betont das entschieden. Der biographische Blick auf die Person Hans-Ulrich Wehler wird deshalb zugleich zu einem Blick auf die Erneuerung der Geschichtswissenschaft und auf die intellektuelle Öffentlichkeit der Bundesrepublik. Über der Bedeutung des Allgemeinen sollte aber nicht vergessen werden, daß der Typus des kritischen Intellektuellen und des politisch sensibilisierten Akademikers sich immer in einzelnen Personen manifestiert und nur durch ihren Einsatz und ihre Wirksamkeit gesellschaftliche Relevanz erlangt.

Die verschiedenen Kapitel dieses Interviews konzentrieren sich auf unterschiedliche Themen. Am Beginn stehen Fragen zu Kindheit und Jugend: Wie gestaltete sich die familiäre Prägung, was blieb an Erinnerungen an den Nationalsozialismus und den Krieg haften – und wie werden sie heute interpretiert? Welche Rolle spielte die USA-Erfahrung als Student und als junger Wissenschaftler? Anschließend steht die bundesdeutsche Geschichtswissenschaft im Mittelpunkt. Wie nahm ein vergangenheitskritisch eingestellter Student die damalige Universitätshistorie wahr, was zog ihn an, welche Personen beeindruckten ihn, welche Fragen trieben ihn um? Wie entstand das Programm einer Geschichtswissenschaft «jenseits des Historismus», wie läßt sich der schnelle Erfolg der ‹Historischen Sozialwissenschaft› erklären, worin liegen ihre Stärken und Defizite? Danach konzentriert sich das Gespräch auf Wehlers eigenes Werk: Welche theoretischen Positionen haben prägenden Einfluß auf ihn ausgeübt, welche Leitideen liegen der «Gesellschaftsgeschichte» zugrunde, welche Thesen und Interpretamente haben die Zeit und die Kritik überdauert? Im letzten Teil schließlich geht es um die öffentliche Rolle der Geschichtswissenschaft. Welche Bedeutung kommt dem Wissenschaftler in der demokratischen Öffentlichkeit zu, welche historischen Debatten waren für das politische Selbstverständnis der Bundesrepublik prägend?

Wie ein Leitmotiv zieht sich die Schlüsselstellung des Nationalsozialismus als zentrale historische Bezugsgröße des eigenen Denken und Handelns durch alle Teile des Gesprächs. Nun ist die Rede von der Bedeutung des Nationalsozialismus für das Selbstverständnis und die Identitätsbildung der Bundesrepublik längst zu einem Gemeinplatz geworden. Offen ist jedoch die Frage, ob er seine Funktion als unbestrittener Orientierungspunkt der deutschen Politik und Geschichte auch in Zukunft ausüben kann und wird oder ob es sich bei dieser Prägung um ein generationsspezifisches Phänomen handelt. Denn alle großen Debatten und Konflikte in der Bundesrepublik sind bislang vor allem von der Generation der Weltkriegsteilnehmer, den Kindern und Jugendlichen des ‹Dritten Reichs› oder den kurz nach dem Krieg Geborenen geführt worden. Hans-Ulrich Wehler, Jahrgang 1931, agierte als Wissenschaftler und Publizist, der nicht mehr Soldat im Weltkrieg war, der aber die ideologische Prägung durch den Nationalsozialismus noch selbst erlebt hat. Das Verschontbleiben vom eigentlichen Kriegserlebnis mag ein Erklärungsmoment für seine Unerschrockenheit in der Auseinandersetzung mit politisch diskreditierten Älteren und für seine Rigidität im Umgang mit der nationalsozialistischen Vergangenheit bilden, ohne daß darin eine hinreichende Bestimmung läge. Umgekehrt sensibilisierte die eigene Affiziertheit durch den Nationalsozialismus für politische Fragen und stimulierte viele dieser Jahrgänge zu einem politischem Engagement, von dem die Bundesrepublik bis in die Gegenwart gezehrt hat. Jürgen Habermas und Helmut Kohl stehen für eine Gemeinsamkeit der solchermaßen geborenen politischen Leidenschaft – und für die unterschiedlichen Möglichkeiten, ihr im beruflichen Leben und in der politischen Zielsetzung nachzugehen.

Nicht zuletzt konnten die Alterskohorten des Übergangs vom Nationalsozialismus zur Demokratie eine herausgehobene Rolle in der politischen und intellektuellen Öffentlichkeit auch deshalb einnehmen, weil die Älteren durch den Krieg dezimiert und vielfach diskreditiert waren. Gerade im Rückblick wird erkennbar, wie viel an politischer Gestaltungsfreiheit, an der Möglichkeit, wissenschaftlich innovativ zu wirken, auch auf der Belastung und damit Desavouierung der vorangegangenen Generationen beruhte. Hierin lag eine strukturelle Chance – die manche in beeindruckender Weise genutzt haben.

In diesem Sinne war der generationell vermittelte Zusammenhang von Erfahrung, Erkenntnis und politischem Engagement für die prägenden Schichten der Bundesrepublik wohl bestimmender, als es gemeinhin bewußt ist. Diese Verbindung transparent zu machen ist Teil der Historisierung der bundesdeutschen Geschichte, die inzwischen langsam in Gang kommt. Das leidenschaftliche Engagement der Jungen für die neue demokratische Ordnung in den Jahren nach 1949 erschließt sich biographisch: Sie wollten sich die gewonnene Freiheit nicht wieder nehmen lassen. Wenn der Zusammenhang von Erfahrung und Erkenntnis derart eng ist, läßt sich aber gleichzeitig auch fragen, was von den wissenschaftlichen Innovationen und historiographischen Leistungen langfristig Bestand haben wird, wenn Nachgeborene neue Fragen stellen und neue Probleme entdecken. Wissenschaft ist zeitbedingt in den Herausforderungen und Fragen, denen sie sich stellt. Das bedeutet aber nicht zwangsläufig, daß die methodisch kontrolliert gewonnenen Ergebnisse wissenschaftlichen Arbeitens wertlos werden, wenn das «Licht der großen Kulturprobleme» weitergezogen ist. Auch wird man nicht durch den bloßen generativen Wandel ‹überholt›. Das «Datum des Geburtsscheines» sei keine Leistung – so spottete schon Max Weber –, vor der er «in Ehrfurcht ersterbe». Nicht das Alter mache es, sondern die geschulte Rücksichtslosigkeit des Blickes in die Realitäten des Lebens und die Fähigkeit, ihnen gewachsen zu sein.

Rücksichtslosigkeit ist Hans-Ulrich Wehler mehr als einmal vorgeworfen worden, denn wie kaum ein zweiter liebt er die Kontroverse, den argumentativen Wettkampf und das scharfe Urteil. Das Gespräch indes versucht nicht, alte Frontstellungen und polemische Abgrenzungen zu wiederholen. Das, was erreicht werden sollte, war die Verknüpfung biographischer Aspekte mit einem Kommentar zu Geschichte, Geschichtswissenschaft und aktueller politischer Kultur.

***

Der vorliegende Interviewband ist ein Experiment. Insbesondere danken wir Hans-Ulrich Wehler. Ohne seine Bereitschaft, Auskunft zu geben, und seine Geduld, immer wieder neue Fragen zu beantworten, wäre das Ganze nicht möglich gewesen. Der Gesprächstext beruht auf mehreren längeren Interviews, die zwischen Juli 2005 und Februar 2006 geführt wurden. Diese sind aufgezeichnet, verschriftlicht und redaktionell überarbeitet worden. Zarina Hablitschek hat in mühevoller Arbeit das Gesprochene transkribiert. Der Cheflektor des Verlages C. H. Beck, Detlef Felken, hat das Projekt von Beginn an mit großer Umsicht unterstützt. Auch ihnen sei herzlich gedankt.

Manfred Hettling/Cornelius Torp
Halle, im März 2006

I. Kindheit und Jugend, Nationalsozialismus und Krieg

Was war bei Ihnen als Kind in den 1930er Jahren an Wissen über die eigene Herkunft und Tradition präsent? Gab es so etwas wie ein Gedächtnis der Familie, das weiter zurückreichte als bis zu Vater und Mutter – zu Ahnen oder Vorfahren?

Ob ich das in den 30er Jahren schon gehabt habe, bezweifele ich. Meine Eltern kamen beide aus großen calvinistischen Familienclans. Bei meinem Vater waren sie zu siebzehn, bei meiner Mutter zu vierzehn. Ihre Väter waren Gemeindeälteste und predigten jeden Sonntagvormittag. Und da war auch noch die Erinnerung präsent, daß man Frankreich verlassen hatte, dann nach Holland gegangen war. Und weil Holland schon vollgelaufen war mit Hugenotten, waren sie dann in das holländische Nassau-Oranien gegangen. Dort hatten sich die Clans angesiedelt und waren im wesentlichen als Unternehmer tätig gewesen – große Lederfabriken, Kolonialwaren – oder Theologen und Juristen. Meine Eltern waren aus Protest gegen die starre Erziehung in ihren Elternhäusern in die Jugendbewegung ausgebrochen und hatten sich in derselben Wandervogeltruppe getummelt. Dann starb der Großvater, der Vater meines Vaters. Mein Vater, der Jura studierte, brach ab und übernahm den Betrieb. Später übernahm er eine Vertretung für ‹Henkel›. Das führte dazu, daß meine Eltern, als ich zwei Jahre alt war, aus dem siegerländischen Freudenberg nach Gummersbach zogen. Zwei, drei Jahre später setzen meine erste Erinnerungen ein. Aber aus den 30er Jahren habe ich nur den Anschluß Österreichs lebhaft in Erinnerung. Wir hatten eine große Wohnung im Zentrum der Stadt und uns gegenüber war ein Radiogeschäft, das ließ ständig die Lautsprecher mit Sondermeldungen laufen. Da war vom entstehenden glorreichen ‹Großdeutschen Reich› die Rede.

War die calvinistische Erziehung durch die Eltern stark?

Meine Eltern waren der Meinung, sie wollten durch Liberalität und großzügige Erziehung alles anders machen als ihre Eltern; ich kann mich überhaupt nicht an starre Vorschriften erinnern. So etwas wie Schlagen war absolut tabu. Später meinte meine Mutter, irgendwie müßte die calvinistische Grundausstattung ‹vererbt› sein, ohne daß sie an mich wirklich weitergegeben wurde.

Dann war die Einschulung natürlich ein Einschnitt. Ich weiß noch genau, wie ich in die evangelische Volksschule kam – das Städtchen war überwiegend protestantisch, hatte aber auch eine katholische Volksschule. Da bestand eine lebhafte Kampfsituation. Man ging nach dem Unterricht an der katholischen Volksschule vorbei unter der Parole: ‹Jetzt gehen wir Katholiken verdreschen›. Das änderte sich erst in dem Augenblick, als die Simultanschule eingeführt wurde. Da gab es ein Gymnasium, das ca. 600 Jungen besuchten. Die Mädchen hatten ein eigenes Lyzeum. Mit der Schulzeit setzen dann genauere Erinnerungen ein. Dazu gehörte auch im April 1941 die Aufnahme in das Deutsche Jungvolk mit ‹Dienst› am Mittwoch- und Samstagnachmittag. Dann sehr bald – mein Vater wurde ganz früh eingezogen – die Erinnerung an die Kriegsnachrichten und den Kriegsverlauf.

Hat Ihnen der Nationalsozialismus die Kindheit gestohlen?

Bis mein Vater eingezogen wurde, gewiß nicht. Danach habe ich die Lücke sehr gespürt. Aber das Leben an der Schule, in den Wäldern um das Städtchen mit den endlosen Old Shatterhand- und Winnetou-Spielen, auch der frühe Sport und der ‹Dienst› im ‹Jungvolk› haben mich völlig ausgefüllt.

Wenn der religiöse Hintergrund eher blaß war, erinnern Sie sich an andere Erziehungsziele der Eltern?

Meine Eltern waren beide sehr aufgeschlossen, was Sport anging, und unterstützten das sehr, als ich mich dafür interessierte. Dann waren sie der Meinung, man könnte gar nicht genug lesen, und ich wurde unentwegt eingedeckt mit neuen Büchern. Die Einstellung gegenüber den Nazis war mehr als gemischt. In dem Augenblick, als ich in das Jungvolk aufgenommen wurde, war meine Mutter der Meinung, jetzt müßte sofort ein Gegengewicht mit dem CVJM geschaffen werden. Im Vergleich mit der Jungvolkeinheit erschien mir der Leiter eher langweilig. Aber sonst ließ uns meine Mutter, weil mein Vater ja dann nicht mehr da war, viel Freiraum. Das Prinzip habe ich auch bei meiner ersten Kölner Wirtin, als ich Student war, kennengelernt. Das war eine junge Kriegerwitwe mit vier Kindern. Und die schaffte das bravourös. Als ich sie einmal fragte, wie sie das so alleine hinbekäme, sagte sie: ‹Ich lasse meine Jecken an langer Leine laufen. Nur wenn es wirklich Verletzungen der Regeln gibt, dann greife ich ein.› Das war auch das Prinzip meiner Mutter. Darin war sie ganz sicher auch beeinflußt durch ihre Zeit bei der bündischen Jugend.

Gab es noch Geschwister?

Ja, drei Schwestern, die zwischen 1933 und 1940 geboren wurden. Zu denen bin ich aber distanziert groß geworden, weil es viele Jungen im Umfeld gab. Zum großen Kummer meiner Mutter waren das in der Regel nicht Jungen vom Gymnasium, sondern die Söhne von Müllarbeitern und Kohlenschleppern. Die fand ich ungeheuer attraktiv, weil sie lauter Dinge kannten und taten, die die anderen sich nicht zu tun trauten. Das änderte sich dann in dem Augenblick, wo ich in einen festen Klassenverband kam und gleichzeitig auch in eine Jungenschaft im Jungvolk. Da überwogen dann andere Kontakte.

Welche politische Einstellung hatte die Familie Wehler in den 30ern? Wenn sie calvinistisch war, war sie ja vermutlich ‹gut national› gesinnt. Lehnte man das Antibürgerliche ab oder hoffte man letztlich doch auf die nationale Wiedererweckung?

Meine Mutter hielt von den ‹braunen Heiden› nicht viel. Das war der Ausdruck, den sie ständig gebrauchte. Es war aber dringend erwünscht, daß irgendwo in der Wohnung ein Hitlerbild hing. Und wir hatten einen großen Flur. Wenn dann der Zellenwart oder der Ortsgruppenleiter oder die berühmten Sammler für das Winterhilfswerk kamen, warfen sie einen Blick in die Wohnung. Dann sagte meine Mutter: ‹Dreh' mal schnell das Hitlerbild um, daß man das wirklich sehen kann.› Sonst hing es mit dem Gesicht zur Wand. Wenn ich begeistert wiederkam nach irgendwelchen Geländespielen oder Gausportfesten, weil wir da irgendwas gewonnen hatten, hat sich meine Mutter, soweit ich mich erinnern kann, nicht groß geäußert. Und die Kurzurlaube, während derer mein Vater da war, dreimal, glaube ich, aus Frankreich, da wurde überhaupt nicht über so etwas gesprochen. Da wollte ich wissen, wie das gewesen war, als er in Spanien einen Stierkampf gesehen hatte, und solche Dinge.

Was machte Ihr Vater im Krieg?

Je länger der Krieg dauerte, desto seltener sah man ihn – mein Vater war als Unteroffizier bei einer bespannten Artillerieeinheit in Ostpolen stationiert. Kurz vor dem Angriff auf die Sowjetunion bekam er vom nächtlichen Dienst in den Sümpfen am Bug Rheuma und mußte in ein Rheumabad in Sachsen, Bad Leuba. Seine Einheit ist dann beim Übergang über den Bug aufgerieben worden. Man wußte wohl mit ihm als Überlebenden – es gab keine Stammeinheit mehr – nichts anzufangen. Deshalb wurde er zu einer Artillerieeinheit nach Südfrankreich versetzt. Er ist dann in der Nähe von Marseille stationiert gewesen, konnte gut französisch und spielte da die halbe Zeit Dolmetscher und fuhr gelegentlich nach Spanien, um Sachen einzukaufen, die es da unten schon nicht mehr gab. Dann kam der Rückmarsch, als die Alliierten gelandet waren – bis in eine Gegend unmittelbar östlich von Paris. Das weiß ich alles von den Aberdutzenden von Kameraden seiner Einheit, die nach dem Krieg, aus der Gefangenschaft entlassen, bei uns auftauchten, um sich zu bedanken. Er hatte, wie wir hörten, seine Einheit an Partisanen, also an die Resistance, übergeben; und da er alles auf französisch regeln konnte, sind sie nicht verprügelt, sondern ganz normal behandelt worden, was als ungewöhnlich galt. Dann wurden sie überstellt an ein amerikanisches Gefangenenlager. Da mein Vater auch gut englisch konnte, übernahm er da wieder die Dolmetscheraufgabe und konnte auch einiges für diese deutschen Soldaten richten. Jedenfalls kam eine in meiner Erinnerung endlose Serie von

Soldaten seit dem Mai 1945 zu uns. *Per pedes* marschierten die dann in ihre Heimatorte und wollten sich nur gerade bedanken und waren alle perplex, daß er nicht da war.

Wissen Sie noch, wie Sie den Verlust Ihres Vaters erlebt haben?

Ich weiß noch, wie ich damals jeden Morgen in Windeseile, sobald der Briefkasten klapperte, runtergerannt bin, ob nicht wieder ein Brief auftauchte. Das Ergebnis ist: Er wurde im Frühjahr 1963 in einem Massengrab an der Stelle gefunden, wo das Kriegsgefangenenlager gewesen war. Mehr ließ sich nicht mehr rekonstruieren. Die deutsche Kriegsgräberfürsorge konnte nur anhand der ‹Hundemarke›, dieser Metallmarke, die Identifikation vornehmen. Darunter habe ich damals ungeheuer gelitten. Je länger das dauerte mit dem Krieg und je seltener man sich sah, um so mehr verklärte sich diese Vaterfigur. Meine Selbstinterpretation ist ja, daß meine Neigung, in der Wissenschaft wechselnde Vaterfiguren wie Hans Rosenberg und Theodor Schieder zu akzeptieren, mit dieser Lücke zusammenhängt. Ich glaube, es gab da eine emotionale Bereitschaft, die über die normale Einstellung, eine engere Verbindung mit Älteren, die man schätzt, einzugehen, hinausging.

Was für eine Bedeutung hat für Sie Familie? Wie prägend war sie für den weiteren Lebensweg?

Also ich hielt, bis die Gewißheit sich durchsetzte, daß mein Vater nicht wiederkommen würde, eine intakte Familie mit liberalem großzügigem Umgang für etwas Selbstverständliches. Und ich kann nur im Nachhinein bewundern, wie meine Mutter, die eine Ausbildung als sogenannte ‹höhere Tochter› hatte – Gymnasium, Pensionat in der Schweiz, Klavierspielen –, wie die das nach dem Tod meines Vaters hingekriegt hat. Bis zum

Jahresanfang 1945 kamen ja noch die erstaunlich hohen monatlichen Zahlungen für ‹Kriegerfrauen›: das letzte Gehalt meines Vaters plus einige Zuschläge, so daß meine Mutter der Meinung war, finanziell sei sie eigentlich gut durch den Krieg gekommen. Aber dann kam nichts mehr, eine ganze Zeit lang, ehe das System wieder zu funktionieren begann. Und wie sie das geschafft hat, mit vier Kindern da durchzukommen, ist mir schleierhaft. Sie kollabierte aber auch im Winter 1946 auf 47. Das war eigentlich das klassische Phänomen bei all diesen jungen Kriegerwitwen. Sie hielten das eine Zeitlang noch durch, und dann, als unwiderruflich klar war, daß sie allein mit den Kindern waren und sehen mußten, wie sie unter völlig ungeklärten Zukunftsbedingungen zurechtkamen, da kam dann in aller Regel ein somatischer Knacks. Die erste Zeit haben wir nur dadurch überlebt, daß ich aus meiner Ausbildung in einem ‹Wehrertüchtigungslager› noch Pistolen hatte, auf die die Amis scharf waren, und ich bei dem lebhaften Schwarzhandel, der dann einsetzte, weil die alle eine ‹Luger› haben wollten, den Preis auf 120 Philipp Morris hochtreiben konnte. Und 120 Philipp Morris hießen auf dem schwarzen Markt: für drei Wochen Lebensmittel. Die waren ja unter der Hand zu bekommen. Drei dieser Dinger habe ich verhökert. Das brachte uns über den Mai, Juni und Juli 1945.

Sind Sie für den Volkssturm vorbereitet worden?

Ich war in einem ‹Wehrertüchtigungs-Lager› für Pimpfe von 13 bis 15; das wurde in dem Augenblick forciert, als Himmler nach dem Attentat auf Hitler auch Chef des Ersatzheeres wurde. Formell galt seine neue Anordnung vom 1. September 1944 ab, daß 16jährige eingezogen wurden. Da wurden die beiden Jahrgänge darunter miterfaßt; man hatte beim Jungvolk ja immer schon eine vormilitärische Ausbildung gehabt.

Wir konnten alle nach Kompaß marschieren und hatten mit hölzernen Handgranaten Wurfübungen gemacht und mit allem möglichen geschossen. Ich bin Ende Februar/März 1945 sechs Wochen in einem großen ‹Wehrertüchtigungs-Lager› gewesen mit der erhebenden Aussicht, zu einer der glorreichen Werwolfeinheiten zu kommen. Das war eine harte Ausbildung durch verletzte Angehörige der SS-Division ‹Hitlerjugend›. Wenn ich je Fanatiker kennengelernt habe, dann diese jungen Männer. Sie waren Anfang zwanzig und hatten sechs Wochen bei Caen die Amerikaner aufgehalten. Die Ausbildung fing morgens um sechs Uhr an mit einem Waldlauf. Dann kamen Übungen mit Sturmkarabiner, Handfeuerwaffen, Eierhandgranaten, dann wieder Waldlauf, dann erstes Training mit der Bazooka, dann wieder MG 42. Also das volle Programm. Ich war schon ziemlich lang gewachsen und gut im Sport, ich fand das ausgesprochen interessant. Gummersbach liegt in bewaldeten Bergen, und ich bin da praktisch in den Wäldern großgeworden, weil wir von mittags, wenn die Schule vorbei war, bis abends ‹Winnetou und Old Shatterhand› spielten. Und auf einmal *the real thing*: Man konnte ‹Druckpunkt› nehmen, sah durch ein Zielfernrohr die Zielscheibe, und dann konnte man richtig mit scharfer Munition schießen. Dann war das nach sechs Wochen vorbei. Meines Wissens sind aus diesem Lager keine mehr ‹verheizt› worden. Aber das war an und für sich die Ausbildung, die dafür gedacht war, einem den richtigen Schliff zu geben.

Wann kamen Sie in die HJ? 1941?

Ja, das Jungvolk war eine Vorstufe der HJ. Ich hatte damals auch ein bißchen das Gefühl, in meiner Familie mit dieser nicht 100%igen Einstellung müßten die Jungen endlich mal zeigen, daß sie bereit waren, das Vaterland zu verteidigen. Das war auch ein Motiv. Das habe ich an mir selber deutlich gespürt, als ich in diesem ‹Wehrertüchtigungs-Lager› mit ca. 40 gleichaltrigen Jungen war. Ein Erlebnis ist mir besonders in Erinnerung geblieben: Ab und zu brachen ukrainische und russische Fremdarbeiter aus, weil sie auf irgend einem Wege erfahren hatten, daß die Front sich näherte. Sie hatten die vage Hoffnung, dorthin zu kommen, sich wahrscheinlich endlich einmal satt essen zu können. Dann wurden wir eines Tages auf dem «Bann», dem HJ-Büro, ganz früh morgens zusammengetrommelt – wir hatten zuhause Telefon, ich war immer gut erreichbar –; da seien welche ausgebrochen, bekanntlich machten die nachts Feuer in den Wäldern, um den alliierten Bombern den Weg zu weisen. Das war alles Quatsch. Es war Winter; es war verschneit; wo sollten sie trockenes Zeug herkriegen, wie sollten sie das überhaupt anstecken können? Jedenfalls bekamen wir alle Stutzen mit Zielfernrohr und einen Brotbeutel voll Munition. Dann hieß es: ‹Ihr kämmt die Wälder durch.› Da sind wir zu fünft durch die waldreiche Gegend gegangen, die uns zugeteilt war, und verteilten uns dann professionell. Während die anderen ausgeschwärmt waren, kam vor mir aus einer Schonung jemand herausgelaufen, in der unverkennbaren schäbigen Kleidung dieser Fremdarbeiter. Mein Stutzen mit dem Zielfernrohr vergrößerte das ungemein. Man hatte das Gefühl: Der steht direkt vor dir, obwohl er noch 25 Meter entfernt war. Das Gesicht war wahrscheinlich eher erschreckt und angsterfüllt, weil da ein Junge mit einer Waffe war. Auf mich wirkte es aber ganz wild, wie er da so auf mich zukam. Man kannte ein paar Worte; ich schrie: ‹Stoj! Paschol!›. Dann hatte ich ihn genau im Visier, nahm den ‹Druckpunkt›, danach brauchte man nur noch zu ticken. In dem Augenblick kamen auf jeder Seite zwei andere Jungen aus dem Wald heraus, und der Mann drehte sich um und sah, es waren zu viele, mit denen konnte er es nicht aufnehmen, und da hob er die Hände. Dann haben wir ihn stolz durch die Stadt abgeführt auf die Polizeistation, sozusagen mit der ‹Knarre› unter dem Arm, wie wir das so gelernt hatten. Aber ich habe mir eigentlich nie etwas vorgemacht, daß ich, wenn die anderen nicht in diesem Augenblick hinzugekommen wären, geschossen hätte. Das hat mich auch danach noch im Traum heimgesucht: Diese Vorstellung, wie er immer näher kam, das Gesicht, das ich durch das Zielfernrohr sah, immer größer wurde, und ich dachte, so jetzt gleich hat er Dich, schieß ihn nieder.

Wie nannten Sie das damals, was Sie verteidigen wollten: Vaterland, Volk, Deutschland?

Ich habe damals gesagt: das Reich. Das weiß ich noch ganz genau: Wir haben immer gesagt, wir müssen das Reich verteidigen, uns sollten sie mal ranlassen. Als die Amerikaner sich dann näherten, trafen wir uns zu viert am Stadteingang. Da war eine Panzersperre gebaut worden aus gefällten Bäumen; dazwischen war sie mit Erde aufgefüllt. Wir hatten aber nur Pistolen und keine Panzerfaust oder ein Gewehr. Wenn man die Ohren auf den Boden legte, konnte man das unverkennbare Geräusch von Panzerketten hören. Und während wir hektisch überlegten, wie wir das Reich verteidigen sollten, erschienen zwei Soldaten – wie wir dachten, aus dem Nichts: Ein Leutnant mit einem Feldwebel, mit allem ‹Lametta›, was man so kannte: mit EK 1, dem Deutschen Kreuz in Gold. Sie waren perplex, daß da noch Menschen waren, und sagten: ‹Seid Ihr verrückt, Jungs, der Krieg ist vorbei, hinter uns kommen schon die Amis mit der ersten Panzereinheit, und wir sammeln nur noch Versprengte von unserer Truppe ein, wir setzen uns ab nach Norden.› Da habe ich einen Wutanfall bekommen. Das Schlimmste, woran ich mich genau erinnere, war, daß mir vor Wut die

Tränen kamen. Das fand ich ungeheuer kränkend, daß einem ausgewachsenen Pimpf mit 13 Jahren die Tränen kamen. Und dann habe ich gesagt: ‹Wir werden hier das Reich verteidigen, und ihr könnt ja sehen, daß ihr wegkommt.› Dann hat der Offizier sich nochmal umgeguckt, ob er irgendwo einen Soldaten sah, und hat nur noch gesagt: ‹Ich kann euch nur eines raten, seht zu, daß ihr hier wegkommt. In ein paar Minuten sind die Amis da.› Dann waren die weg. Das waren erfahrene Krieger, die in den nächsten Büschen verschwunden waren. Dann hörte man die Panzer auch schon ziemlich laut. Wir haben uns überlegt, daß der heldenhafte Widerstand mit Pistolen doch nicht das Richtige sei und sind dann durch den benachbarten Wald nach Hause gehetzt.

Wie haben Sie den Einmarsch der Amerikaner nach Gummersbach erlebt? Wie paßte diese lebensweltliche Erfahrung zum vorher aufgebauten Feindbild?

Der eigentliche, schnelle Bruch kam, als die Amerikaner die Stadt besetzten. Schon am zweiten Abend entspann sich der erste Schwarzhandel, weil unser Gymnasium ein Zentrum dieser amerikanischen Einheit war. Da entwickelte sich an der Mauer hinter dem Schulhof der Schwarzhandel mit Pistolen, Parteiabzeichen, SA-Dolchen. Da stellte man fest, daß das ganz normale junge Männer waren, die sich überhaupt in nichts unterschieden von den jungen deutschen Soldaten, die wir in den Monaten vorher erlebt hatten. Und nicht nur das: Sie waren auch außerordentlich großzügig mit dem Verschenken von Schokolade und Süßigkeiten. Vor unserem Haus war eine scharfe Kurve in der Straße, und die endlose Kolonne von Trucks, die da täglich an die Front durchfuhr, mußte in dieser Kurve immer scharf abbremsen oder stehen, und dann haben diese Soldaten wie beim Kölner Karneval Süßigkeiten rausgeworfen. Das paßte alles nicht zu dem Bild des bösen Feindes, der das Land überrennen würde. Das war natürlich eine ganz andere Erfahrung als in Ostdeutschland.

Ich habe damals Tagebuch geführt. Bei irgendeinem unserer Umzüge hat es eine meiner Schwestern gefunden. Das ist in dieser schwülstigen Sprache der Propaganda bis Ende März 1945 verfaßt, dann sind die Amis einmarschiert, und dann kommt die große Verwunderung, das sei ja eigentlich doch vergleichbar derselbe junge Soldatentypus – Typus habe ich natürlich nicht geschrieben –, dann kommt die normale Berichterstattung über die Versorgungsprobleme usw. Das ist in meinen Augen doch schon so etwas wie eine Generationserfahrung gewesen, jedenfalls in den westlichen Teilen Deutschlands, wo die Engländer und Amerikaner einmarschierten. Bei den Franzosen war es ja manchmal etwas härter.

Noch einmal zurück zur Propaganda. Der Film «Hitlerjunge Quex» inszeniert eine Dichotomie von roter Unordnung im proletarischen Viertel und von Ordnung in der HJ. Im Film gibt es eine lange Sequenz über die Lager. Beide Gruppierungen fahren hinaus in die Berliner Wälder, und Quex schleicht sich vom proletarischen zum nationalsozialistischen Lager, er ist beeindruckt vom Singen, der Musik, der Ordnung. Ähnelt das Ihren eigenen Erfahrungen? Sind diese Abenteuerformen die prägende Erfahrung vom Nationalsozialismus, die bei den Jugendlichen von 10 bis 14 am tiefsten verankert waren?

Ich weiß nicht, ob sie am tiefsten verankert waren, jedenfalls dominierten sie mangels Alternative für die 10 bis 13/14jährigen in meiner Zeit völlig. Da gab es Mittwochnachmittags den sogenannten Heimatabend, da sollte auch Indoktrination praktiziert werden. Aber wir hatten einen Jungenzugführer, der war in der Sekunda und hielt nichts davon. Er sagte: ‹Was ich euch beibringe, sind Lieder.› Meine Mutter kannte den Zupfgeigenhansel, das Liederbuch der bündischen Jugend. Und das hatten die Nazis ja zum großen Teil übernommen. Ich habe jeden Mittwochnachmittag ein, zwei Lieder gelernt. Und samstags war Sport auf dem Gummersbacher Sportplatz oder ein Geländespiel. Die Einheiten waren gegliedert in 10–15 köpfige Jungenschaften, 40 Jungen bildeten einen Jungzug, ein Fähnlein hatte vier, fünf Jungzüge. Am Schluß war ich, weil die älteren schon alle eingezogen waren, Hauptjungzugführer und Stellvertreter des Fähnleinführers. Da gibt es ein Photo, da stehe ich als ganz schmaler Pimpf mit dieser grün-schwarzen Schnur da. Im Bergischen gibt es viele Talsperren, und wir richteten unsere Lager gewöhnlich an einer der Talsperren ein und tobten viel im Wasser herum. Da bin ich auch gewesen, als abends die Nachricht von dem Attentat auf Hitler kam. Wie tief die Prägung gegangen ist bei der jugendlichen Sozialisation, bei jemandem, der bei Kriegsende 13 Jahre alt war, das weiß ich nicht. Wenn ich 1968 in Köln in den endlosen Debatten mit den Studenten gesagt habe, ‹das ist alles schön und gut, aber demnächst wird Sie Ihre Freundin fragen, wann Sie endlich das Staatsexamen haben, und nun wollen wir über ein Thema für Ihre Arbeit reden› – dann haben sie gewöhnlich gesagt: ‹Das ist der typische Leistungsterror der HJ, der jetzt bei Ihnen durchkommt.›

Der Leistungsdruck war tatsächlich von Anfang an sehr stark. Wer die Staffel bei der Leichtathletik zusammenstellte, wer die meisten Punkte machte – das war in einer Kleinstadt, die bis heute sportfanatisch geblieben ist, ungeheuer wichtig. Der VfL Gummersbach ist nach 1945 eines der Zentren der Stadt überhaupt geworden. Es war immer ein großer Augenblick, wenn man endlich in der ersten Handballmannschaft des VfL spielen durfte.

Es gab doch gleichzeitig einen Konformitätsdruck in Bezug auf die Ideologie, angefangen vom Fahnenappell bis hin zu bestimmten Schlagworten.

Das ist wahr. Es gab am 20. April, wenn der nächste Jahrgang in die HJ aufgenommen wurde, das Fahnenritual und irgendwelche Sprüche, aber haften geblieben ist bei mir eigentlich kein einziger Nachmittag, wo die Geschichte der Partei oder das glorreiche Leben des Führers gepaukt wurden, sondern dieser vom Singen besessene Jungzugführer, der uns zwei, drei Stunden durch sein Pensum gejagt hat und dann gesagt hat: Samstag Mittag Treffpunkt am Sportplatz oder da und da im Wald.

Aber man weiß trotzdem nicht, was das Mitmachen und die subtile Vermittlung von Leistungsorientierung bewirkten. Zum Beispiel war ich ein leidenschaftlicher Leser von billigen Heftchen, sie hießen «Die Kriegsbücherei der deutschen Jugend», wo ein sowjetischer Panzer nach dem anderen geknackt wurde oder Rommels tapfere Panzerhelden die Engländer in die Flucht schlugen. Dann gab es eine «Kolonialbücherei der deutschen Jugend». Das schlimme Ergebnis war dann, daß ich im 4. Schuljahr auch angefangen habe, selber diese Romane nachzuempfinden. Das zeige ich Ihnen lieber nicht, da gibt es dann so Romane, wo der Kapitän des Schlachtkreuzers «Großdeutschland», Kapitän Hans-Ulrich Wehler, den Einsatz befiehlt. Schrecklich ... Es gab einen Kult des Willens: Die Überzeugung war tief verankert: Wenn man das will als Soldat oder als Einheit, dann kann man viel mehr erreichen, als man bei einer nüchternen Analyse der Gefechtssituation erreichen würde. Die Vorstellung, daß wir, wenn wir nur ein paar Jahre älter wären, als deutsche Soldaten den anderen überlegen wären, das war zweifellos tief eingesickert.

Noch einmal zurück zu dem, was geblieben ist. Es hört sich so an, als wenn es 1945 eine Art Neucodierung gegeben hat, daß alles neu programmiert wurde, und das in ganz kurzer Zeit. Wie ist das möglich? Gab es so etwas wie ein Schlüsselerlebnis?

Nach der Besetzung der Stadt gab es zuerst ein paar Tage, als mehr als drei Leute nicht auf der Straße zusammenstehen durften, dann wurde das allmählich aufgehoben. Zwei Wochen danach wurden wir von der Militärpolizei ziemlich rüde auf der Straße zusammengetrieben. Schräg gegenüber von uns war ein Kino. Wir wurden in das Kino gelenkt, dann gab es einen Film über die Befreiung von Dachau und Buchenwald. An diese Bilder kann ich mich heute noch erinnern. Diese Bulldozer, die diese vertrockneten Leichen vor sich herschoben. Dann kamen die Vorläufer der Lizenzpresse, von den Alliierten herausgegebene provisorische Zeitungen. Allmählich stellte sich als unwiderlegbar heraus, was der Krieg auch bedeutet hatte, nicht nur glorreiche Schlachten und endlose Siege bis 1944. Aber dieses Filmerlebnis ist mir sehr haften geblieben. Das hat die Umstellung beschleunigt.

Waren das die «Todesmühlen»?

Nein, das waren Bilder für die amerikanische Wochenschau, die Besatzer schickten einfach ein paar Kopien durch ihre Zone. Und dann kam immer mehr heraus, insbesondere durch die Berichterstattung über die Nürnberger Prozesse. Ich kaufte mir damals von dem Geld, das ich für Nachhilfestunden bekam, alle Zeitschriften, die es gab. Den «Ruf», die «Gegenwart» und die «Neue Zeitung». Dann habe ich auch von der ersten Nummer an den «Spiegel» und die «ZEIT» gelesen. Man war wie ausgetrocknet und hatte ein ungeheures Bedürfnis zu erfahren, wie die Welt wirklich war, die man bisher nur durch einen Schleier wahrgenommen hatte. Bei einer Selbstanalyse würde ich sagen, im Endeffekt ist die Antieinstellung gegenüber dem ‹Dritten Reich› übriggeblieben, die sich in diesem Frühjahr 1945 herausbildete. Dann hielt ich es auch als kleiner Junge für unverzeihlich, daß für nichts und wieder nichts mein Vater nicht wieder kam. In diesem großen Familienclan waren 41 Männer eingezogen worden. 40 sind ‹gefallen›, einer kam zurück, er war der Dolmetscher von Rommel gewesen. Er hatte die beste aller Welten, denn er wurde mit Samthandschuhen rumgereicht, von einem Interview zum andern, wie der große Panzerheld gewesen sei. Aber in dem Augenblick, als die ersten KZ-Bilder kamen, legte sich das rapide. Aber das ist der einzige Überlebende. Das kam so allmählich raus, als die Geschwister wieder untereinander Kontakt hatten, als die Post wieder zu funktionieren begann. Bei mir ist ein abgrundtiefer Haß auf die Braunen übriggeblieben. Das, glaube ich, hängt schon zusammen mit diesen Erfahrungen. Und es hing auch damit zusammen, daß ich meinte, damals und erst recht im Rückblick, gespürt zu haben, wie verführbar junge Menschen sind, wenn sie in einem bestimmten Alter in eine bestimmte Richtung politisch indoktriniert und sozialisiert werden. Wie ungeheuer schwierig es ist, da Widerstand zu leisten, wie das dann später angesonnen wurde.

Hängt die Entscheidung, nach dem Abitur 1952 Geschichte zu studieren, mit dem Bruch '45 und der Reflexion darüber zusammen?

Das glaube ich schon. Wir hatten einen sehr liberalen alten Geschichtslehrer, der im Krieg pensioniert worden war und dann, weil zu viele Studienräte bei uns mit brauner Vergangenheit gehen mußten, wieder an die Schule zurückkehrte. Das war ein alter DDP-Mann, also ein gestandener Liberaler, der zähneknirschend die Nazis miterlebt hatte; seine beiden Söhne waren mit U-Booten untergegangen. Aber er machte einen glänzenden Unterricht. Dann spielte auch eine Rolle, daß ich keine anderen Alternativen hatte. Ich hatte überhaupt keine naturwissenschaftlichen Interessen, überhaupt keine mathematische Begabung, zum Abitur wurde ich wegen der schlechten Note in Mathematik nur mit ministerialer Erlaubnis zugelassen, hatte meinen Ausgleich in Englisch, Latein und Geschichte. Da gab es gar nicht so viele Möglichkeiten. Dann habe ich gedacht, du kannst Dich mit etwas beschäftigen, was Dich seit Jahren dauerhaft interessiert, und dann war da auch die Überlegung, erst einmal eine Fächerkombination zu wählen, mit der man später auch Lehrer werden konnte. Obwohl mein Herz eigentlich nicht dafür geschlagen hat, zurückzugehen ans Gymnasium.

Ich bekam, gleich nachdem ich angefangen hatte, im Sommersemester 1952, eines der ersten Fulbright-Stipendien und ging dann in die Vereinigten Staaten, war anderthalb Jahre drüben, kam zurück, und ging nach Bonn. Im Grunde genommen wollte ich das neue politische System aus der Nähe sehen. Aber die Geschichtsfakultät in Bonn war so miserabel orthodox und langweilig; Soziologen gab es praktisch nicht. Dann bin ich zurück nach Köln und aus Enttäuschung dann gleichzeitig in die Wirtschafts- und sozialwissenschaftliche Fakultät. Dort bin ich René König frühzeitig in die Hände gefallen. Seitdem habe ich Geschichte und Soziologie immer parallel nebeneinander gemacht. Im Grunde genommen fiel die Entscheidung nach drei, vier Jahren: Das Beste ist, ich gehe zur Zeitung. Zumal ich seit der Obersekunda mein Geld im wesentlichen durch Zeitungsartikel verdient hatte. Ich war einmal beim Vorläufer des «Stern», der hieß «Die neue Illustrierte», das war so eine Mischung aus «Spiegel» und «Stern» mit ein paar bunten Photos und ein paar halblinken Journalisten, damals mit einer hohen Auflage. Sie hatten gesagt: ‹Nun mach mal irgendein Examen, dann kommst du zu uns.› Damals schrieb man für die Zeitung noch sehr unter Zeitdruck; es lief noch Bleisatz; um sechs Uhr begann der Satz. Da mußte man um fünf vor sechs fertig sein, auch wenn man erst um fünf Uhr von einer Konferenz oder Tagung zurück war. Allmählich habe ich gedacht: Ewig unter diesem Zeitdruck arbeiten? Wer weiß, ob du je das Feuilleton der «ZEIT» oder der «FAZ» erreichst und dann vielleicht eine Woche Zeit hast für so einen Bericht. Schließlich änderte sich alles in dem Augenblick, als ich 1958 mit der Diss. angebissen und gemerkt hatte, daß mir das Spaß macht.

Woher kommt die selbstverständliche Akzeptanz des Leistungsprinzips?

Das kam bei mir durch den Leistungssport. Ich war schon mit Begeisterung bei den Pimpfensportfesten. 1947 ging es dann weiter – obwohl wir ja übel gehungert hatten, meine Mutter und die Geschwister, das war völlig verrückt. Sobald ich ein paar Laufschuhe hatte, die nicht völlig zerfleddert waren, ging ich jeden Nachmittag in den Wald und bin ein, zwei Stunden gelaufen, bis mir manchmal grau vor den Augen wurde vor Schwäche. Sofort als es die ersten Sportfeste gab, das war 1947, wurde ich Kreismeister über 1500 Meter und gewann die rheinischen Waldlaufmeisterschaften für die Jugendklasse.

Von da ab habe ich jede freie Minute auf dem Sportplatz verbracht. 1949, da waren die ersten Deutschen Jugendmeisterschaften, lag ich über 1000 Meter bis etwa 50 Meter vor dem Ziel an zweiter Stelle. An erster Stelle lag ein Wunderläufer, der stellte im nächsten Jahr schon den Weltrekord über

1500 Meter ein: Werner Lueg. Und dann walzten mich die kräftigeren Jungen nieder, die in dem Pulk bisher hinten gelegen hatten. Da bin ich dann fünfter oder sechster geworden. Aber von dem Augenblick an ließ mich der Laufsport nie wieder los. Und nie kamen ernsthaft die 100, 200 Meter-Strecken in Frage, sondern von Anfang an nur die Mittelstrecken, die 400 oder 800 Meter. Wenn ich das heute noch einmal machen dürfte, würde ich nur 400 laufen – damals war der deutsche Mittelstreckentrainer ein berühmter Sprinter, Bert Sumser, der sagte: ‹Das ist ganz falsch, du darfst nicht 800 laufen, für dich sind 400 geschaffen, das kannst du in hohem Tempo durchhalten.› Also der Sommer sah von 1949 bis 1955 bei mir so aus: 30 bis 35 Rennen und Sportfeste. Da waren Kreis-, Bezirks-, die rheinischen, die westdeutschen Meisterschaften, dann die Jugend-, Junioren- oder Erwachsenenmeisterschaften, und dann noch so 20 Abend- oder Nachmittagssportfeste. Der Verein bezahlte mir die Reisen, aus dem riesigen Bekanntenkreis meiner Mutter waren in den Städten immer irgendwelche Leute, bei denen ich schlafen konnte. Im Winter spielte ich dann im VfL Handball, und an der Uni war ich Center in der Uni-Basketballmannschaft. Ich konnte mir eigentlich bis 1955 das Leben nicht vorstellen ohne täglich zwei, drei Stunden im Stadion oder bei Waldläufen. Diese ständige Praxis erzeugte auch eine außerordentlich starke Leistungsorientierung. Vielleicht läuft da eine Kontinuität weiter aus diesen frühen Jahren bei den Pimpfen, aber ich glaube, der gesamte Input aus dieser Sportwelt, in der ich mich damals bewegte, war wichtiger. Damals hätte ich mein Leben drum gegeben, wenn ich die 400 Meter regelmäßig unter 48 Sek. gelaufen hätte oder die 800 Meter unter 1.50. Ich kam da immer heran, aber beim nächsten Mal war ich wieder drüber. Ich glaube, daß die Leistungsorientierung mehr aus diesen sechs bis sieben Jahren im Leistungssport kommt als aus der Zeit vorher. Und Leute, die mich seit der Zeit kennen, sagen: ‹Du hast ja nur den Leistungssport an den Schreibtisch verlegt.› Aber ich kann es nicht ausschließen, daß diese Neigung schon vorher ausgebildet worden ist, so daß ich das auch nicht als eine Zumutung empfand.

Aber bei Ihren Altersgenossen scheinen Sie das so wahrzunehmen, daß dieser Leistungsfanatismus ein NS-Produkt war. Sie betonen in der «Gesellschaftsgeschichte» ja sehr, daß das eine Grundlage des Erfolges in der Bundesrepublik gewesen sei.

Das mache ich stark für die ältere Generation, die in den 30er Jahren 20 bis 25 Jahre alt war und dann lebensgeschichtlich – wie etwa Speer und Heydrich – eine Kletterpartie nach der anderen gewann. Das ist ja schwer zu quantifizieren. Es sind bestimmt drei Millionen Leute, die nach der Weltwirtschaftskrise seit 1929 in ihrer Lebensgeschichte einen Aufstieg erfahren haben durch die ungeheure Expansion von Bürokratien und Stäben in der Nazizeit. Für sie war das lebensgeschichtlich eine Erfolgsphase. Auch bei den vielen jungen Managern und Technikern, denen Aufgaben gestellt wurden, die man an und für sich nicht bewältigen konnte, die sie aber dann irgendwie hingekriegt haben, gibt es eine Mobilisierung von Energie, genauso wie bei den jungen Offizieren – nicht bei denen, die noch eine wilhelminische Stabsausbildung hatten, sondern bei den jüngeren Offizieren, die an den ‹Führer› glaubten und an die Maxime: ‹Der deutsche Soldat schafft alles›. Da ist ja meine These, daß da eine Leistungsmobilisierung einsetzte, die man bloß zu entnazifizieren brauchte, damit sie der Wiederaufbauphase der Bundesrepublik zustatten kam. Da gab es einen Vetter, den ich sehr bewunderte, weil er viele Orden und Auszeichnungen bekommen hatte. Er war sechsmal mit seinem U-Boot abgesoffen und immer wieder gerade noch durch die Schleuse aus dem Kommandoturm rausgekommen. Er hatte 1940 als ganz junger Mann in einem Eilverfahren, er war Jahrgang 1918, noch seinen Diplomingenieur gemacht. Im Frühjahr 1945 tauchte er bei uns auf. Der hatte nichts, nicht mal ein paar Handschuhe für kaltes Wetter. Er lieh sich erst das Fahrrad meiner Mutter, ich pumpte ihm die Handschuhe, dann fuhr er mit dem Fahrrad kleine mittelständische Betriebe ab mit der Idee: Was den Leuten fehlt, ist Energie, und ich bringe ihnen bei, wie sie sparsam mit Energie umgehen. Erst kaufte er sich ein Moped, dann ein Motorrad und 10 Jahre später hatte er die größte Unternehmensberatung der Bundesrepublik. Um sich herum sammelte er denselben Typus von jungen Offizieren, egal aus welcher Waffengattung. Diese Leute platzten vor Energie, endlich ohne Kugeln beweisen zu können, was sie wirklich konnten, nachdem der Krieg vorbei war. Der Betrieb expandierte sehr schnell. Als ich aus Gummersbach wegging, hatte er schon ca. 300 Leute. Sie waren sozusagen voll durch das Programm gelaufen: HJ in den 30er Jahren, später dann junge Offiziere des Zweiten Weltkrieges. Durch diesen Mann, für den ich dann für die FDP beim Wahlkampf mitgeholfen habe, lernte ich auch die sogenannten Jungtürken kennen: Scheel, Weyer, der dann Innenminister in Nordrhein-Westfalen war, und Döring, das war der erste effektive Generalsekretär der FDP, und einen jungen Journalisten namens Augstein. Sie trafen sich ab und zu und überlegten, wie man die Verhältnisse vor allem in Düsseldorf ändern könnte. Man erkannte sie daran, daß alle die Armbanduhr rechts nach innen trugen, damit die Leuchtziffern vom Feind nicht gesehen werden konnten. Sie hatten das Gefühl: Jetzt ist die Welt für uns offen, jetzt können wir zeigen, was wir leisten können, die vergeudeten Jahre werden wir jetzt im Nu wieder wettmachen. Dieser Typus, der mir vorschwebte, ist nicht durch Erhard mobilisiert worden, der war schon völlig auf diesen Weg gesetzt worden.

Sie sagen, daß dieser Leistungsfanatismus nur des ideologischen NS-Ballasts entkleidet werden mußte. Geht das so leicht?

Es ist die Frage, ob das so tief saß oder ob die Häutung durch den dramatischen Schnitt erfolgen konnte. Denn es gab für diese Generationen 1945 nicht die Möglichkeit der Dolchstoßlegende, kein ‹im Felde unbesiegt›. Diese Möglichkeit des Dementis gab es nicht. Die Entzauberung der Wehrmacht und aller Militärtraditionen war vollständig.

Aber Entzauberung muß akzeptiert werden. War nicht der institutionelle Erfolg der Bundesrepublik die Bedingung dafür, die Entzauberung so einfach hinzunehmen? Denn Entzauberung ist immer mit einer Kränkung verbunden, sich einzugestehen, auf die falsche – hier: die verbrecherische – Seite gesetzt zu haben.

Ich glaube, daß der Sockel an Erfahrung der unglaubliche ökonomische Aufschwung der Bundesrepublik seit dem Koreaboom ist. Bis dahin war das ja einigermaßen unklar, was aus Erhards Programmatik und der sozialen Marktwirtschaft würde. Durch die Rückkehr auf den Weltmarkt und den unglaublich lange anhaltenden Boom entstand ein Sockel, der diesen Generationen in einem erstaunlichen Ausmaß erlaubt hat, sich auch mit dieser Erfolgsgeschichte ihrer Republik zu identifizieren. Es sind ja alles keine geborenen Republikaner und Demokraten gewesen.

Können Sie sich erinnern, wann bei Ihnen eine Identifikation mit der neuen Republik einsetzte?

Ich weiß, daß ich 1952 mit Horst Albach, dem späteren Ökonomen, in New York ankam mit einem Fulbright-Stipendium.

Wir fuhren auf das *Empire State Building*, bevor wir auf Familien verteilt wurden, die uns zuerst in ihre Obhut nehmen sollten. Dann las vor mir ein Amerikaner da oben, wo man hinter diesen Drähten steht, die *New York Times*, und ich schaute ihm über die Schulter. Es gab eine kleine Meldung – «Kurt Schumacher dead». Da habe ich zu Horst Albach gesagt: ‹Von jetzt ab wird die SPD für uns wählbar. Bisher ging das nicht, dieser verdammte Nationalist, der immer nur von deutscher Einheit redet; jetzt ist er weg, jetzt kann man mal sehen, wie sich die SPD entwickelt.›

Dann ist auch die Erfahrung in Amerika prägend gewesen, das habe ich schon oft genug gesagt. Diese Vorstellung ist gefestigt worden durch das, was die Amerikaner *piecemeal reforms* nennen, durch langsames Bohren dicker Bretter an der richtigen Stelle die Dinge so verändern zu können, wie sie einem selber vorschweben.

Gibt es Situationen, in denen es bewußt wurde: ‹Das ist die eigene Republik, das eigene Gemeinwesen?›

Ich würde sagen, das kam schon in den frühen 50er Jahren. Jedenfalls war mir das völlig klar, als ich aus Amerika wiederkam. Manche haben ja mit dem Gedanken gespielt, definitiv wieder zurückzugehen, und viele von uns, wie ich selber auch, sind ja auch immer wieder zurückgegangen. Aber da war schon die Vorstellung, daß das eine lohnende Situation zuhause sei, sich da zu engagieren. Ob ich wirklich, wenn ich zur Zeitung gegangen wäre, nur im Feuilleton gearbeitet hätte, das wissen ja nur die Götter. Aber jedenfalls, als die 68er-Bewegung anfing, da gehörte ich schon zu den pragmatischen Verteidigern der bestehenden Ordnung.

Ist das eine Bestätigung dessen, was Habermas und andere gemeint haben, wenn sie von der negativen Identität der Bundesrepublik in Abgrenzung zum Nationalsozialismus sprachen?

Man darf das im Rückblick nicht zu sehr als Erfolgsgeschichte rationalisieren: so, als wenn man sich ganz frühzeitig über alle Entwicklungschancen dieses neuen Staates Klarheit verschafft hätte. Man wuchs im Alltag hinein, getragen von der Konsolidierung und der konjunkturellen Aufschwungphase. Dann kam der ständige Kontrast mit der DDR und dem Osten als Grundgefühl hinzu. Unsere halbe Klasse bestand aus Flüchtlingen, zum Teil aus der SBZ und der frühen DDR.

Sie betonen, wie stark die Motivation des ‹Nie wieder braun› war. Ab wann hatten Sie das Gefühl, daß die potentielle Rückfälligkeit nicht mehr besteht?

Jürgen Habermas hat ja in mancher Hinsicht eine pessimistische Grundeinstellung gegenüber politischen Prozessen, auch der «Strukturwandel der Öffentlichkeit» zeigt seinen prinzipiellen Pessimismus. Wenn der Wirtschaftsprozeß verstaatlicht oder gesellschaftlich gesteuert werde, so glaubte er damals, dann werde sich diese verkrüppelte, entartete Öffentlichkeit nicht weiterentwickeln, sonst würden wir alle nur noch manipuliert und gegängelt. Ich habe diese Einstellung nicht geteilt, vielleicht ist das ein Erbe meiner Mutter, die in all diesen schwierigen Zeiten ihren Grundoptimismus behielt. Ich habe auch damals bei den leidenschaftlichen Debatten, ob mit der NPD die braune Misere wieder begänne, nicht daran geglaubt, daß sie mehrheitsfähig werden könnte, sondern nur gedacht: Das darf über einen bestimmten Prozentsatz nicht hinausgehen, das kann das politische System noch verarbeiten, dann wird man ja sehen, wie es weitergeht. Aber ich hatte nicht die Sorge, daß das, was bis dahin in der Bundesrepublik aufgebaut worden war, unter dem Anprall der ersten NPD-Erfolge zusammenbrechen würde.

II. Amerikanische Eindrücke und deutsche Vorbilder

Was war die prägendste Erfahrung der Nachkriegszeit?

Amerika. Alle wollten wir natürlich nach Harvard oder Princeton. Und keiner von uns ist dahin gekommen. Ich kam nach Athens in Ohio, eine damals bestenfalls mittelgroße Universität. Aber ich hatte vernünftige amerikanische Dozenten, die alle im Krieg gewesen waren, alle an der Pazifikfront, und mich sehr zivil und persönlich behandelten und betreuten. Der einflußreichste von ihnen betrieb das, was damals in Amerika Sozialgeschichte hieß. Das war eine Mischung aus Alltags-, Technik- und Sozialgeschichte. Dann war da die Erfahrung von Demokratie im Alltag. Das fand ich mit am spannendsten, wie ein solches Gesellschafts- und politisches System im Alltag funktioniert, jenseits der großen Worte der Verfassung. Schließlich habe ich beim Arbeiten mindestens so viel gelernt wie an der Universität.

Was haben Sie gearbeitet?

Formell durften wir gar nicht arbeiten. Das war die Angst, daß diese Jungen alle nach Amerika auswandern würden, wenn sie irgendeinen Job fänden. Deshalb konnte man keine Arbeit bekommen ohne Sozialversicherungskarte. Ich mir gedacht: ‹Wenn ich an die *social security*-Zentrale in Ohio schreibe, dann prüfen die das an der Uni, dann bekomme ich sie nie. Wenn ich aber an die Zentrale in Washington schreibe, dann bin ich für sie zu weit weg.› So kriegte ich meine Karte.

Ich kann heute noch, wenn ich in Amerika bin, die Universitätsverwaltung damit verblüffen, daß ich eine *social security card* von 1952 habe. Dabei bin ich nie in einem regulären Arbeitsverhältnis gewesen. Mit dieser *social security card* habe ich zunächst einmal, das war damals die große Masche, Autos von Detroit in den Westen gebracht, weil es im Westen ja keine Autofabriken gibt. Man bekam ein Auto, die Agentur bezahlte die Versicherung, einen Sockelbetrag für Benzin, und nach 14 Tagen mußte man den Wagen in San Francisco oder in Los Angeles abliefern. Dann bin ich gewöhnlich die ersten zwei Tage und Nächte bis auf ein Nickerchen durchgefahren, bis ich in den Nationalparks war, dann habe ich mir Zeit genommen für Yellowstone, Yosemite, Grand Canon, bis ich alle kannte, habe den Wagen abgeliefert, bin per Anhalter zurück nach Detroit usw. Zum Schluß bin ich eine Zeitlang in Los Angeles geblieben, weil es mir in Kalifornien gefiel, und habe dort als Schweißer gearbeitet. Das hatte ich nie gemacht, aber ein Betrieb, der Aluminiumfensterrahmen baute, suchte Leute. Da habe ich gesagt, natürlich könnte ich so was; es gab einen sympathischen Vorarbeiter, der sagte: ‹Dann schweißt du mir mal die Stücke zusammen.› Da habe ich natürlich nur Löcher reingehauen; merkwürdigerweise sagte der aber: ‹Ach, ich glaube, du lernst das schnell, ich bringe dir das bei.› Es stellte sich dann letztlich heraus, daß die ganzen Hallen voll von Mexikanern waren, die schwarz über die Grenze gekommen waren, und von Schwarzen, und sie wollten einen weißen Vorarbeiter haben. Dort, in North Hollywood, habe ich im Akkord gearbeitet, ein halbes Jahr. Morgens um sechs Uhr per Anhalter aus einer Bude, in der ich auf einer Hühnerfarm lebte, mit dem Frühverkehr zur Fabrik, bis abends um sechs; dann wurden diese Rahmen auf einen alten Army-Truck geladen. Dann bin ich – das war damals noch ein riesiges Baugelände, heute leben dort zwei Millionen Menschen – in das

San Fernando Valley und habe sie abgeladen, den Wagen zurückgebracht, bin in ein Restaurant, habe ein paar Stunden Teller gewaschen, ein bißchen geschlafen und morgens wieder dahin zurück. Am Wochenende habe ich auf einer großen Tankstelle die Wagen vollgetankt, auch als einziger Weißer. Das Interessante war: Ich habe Amerika von ganz unten auf der Ebene farbiger Hilfsarbeiter und ihrer Familien kennen gelernt; ich war für sie ein *strange bird*. Sie fragten immer ‹*Who runs you?*› Man wurde eingeladen, dann lernte man sie als sehr liebenswürdige Menschen kennen, aber auch als Menschen mit einer extremen politischen Borniertheit. Wenn irgendwo etwas nicht klappte, war damals immer die Antwort: ‹*Let's nuke them.*› *Nuke* war das Wort für Atomwaffeneinsatz.

Und Ihre Erfahrungen an der Universität in Amerika?

Später kam ich durch den Kontakt mit Schieder zurück nach Amerika. Er wollte mich unbedingt auf Clausewitz als Promotionsthema drängen, dazu hatte ich aber keine Lust. Da kam dann dieses SPD- und Nationalstaatsprojekt heraus. Als das fertig war, sagte er, ‹Sie haben immer von Amerika erzählt, wollen Sie darüber nicht eine neue Arbeit schreiben?› Ich war der Meinung, man könne schon von einem unbekannten Imperialismus der USA sprechen; und die amerikanischen Historiker drückten sich davor, bis auf William Appleman Williams, der in Madison eine Schule gebildet hatte und gute, junge Leute anzog. Dann bin ich wieder rüber, zuerst zu Gordon Craig in Stanford, den ich in Köln kennengelernt hatte. Stanford hat eine der ganz wenigen Bibliotheken außer der Kongreßbibliothek, die eine komplette Sammlung aller *government documents* haben. Alles, was die Regierung gedruckt hat, ist in einem riesigen Flügel der Bibliothek. In der Kongreßbibliothek in Washington ist immer irgendein Bestand ausgeliehen, weil ein Senator das von seinen Assistenten ausschlachten läßt. Deshalb bin ich nach Stanford gegangen und habe das Material durchgeackert, ehe ich noch ein halbes Jahr in das Nationalarchiv und die Kongreßbibliothek gewechselt bin.

Gab es mal die Überlegung, ganz in den USA zu bleiben?

Von Stanford aus lernte ich Hans Rosenberg kennen. Ich war in Berkeley, um Carl Schorske zu treffen. Er sagte: ‹Hier am Ende des Flures ist ja auch Hans.› Ich fragte: ‹Welcher Hans?› Wir haben uns dann spontan angefreundet, und ich erzählte ihm, was ich machte, und er lud uns dann immer wieder zum Abendessen ein; er hatte ein herrliches Haus, das ist jetzt das Haus des Kanzlers der Uni. Eines Tages lud er mich ein und sagte: ‹Ich will Dich einmal ein paar Kollegen vorstellen. Erzähle denen doch mal, was du da für einen Schmöker schreibst.› Dann saß ich auf einmal mit Ray Sontag, der das Buch über deutsch-englische Beziehungen geschrieben hat, Riazanowsky, dem Rußlandexperten, Martin Malia, dem Sowjetexperten, zusammen, so sieben Herren. Einen Tag später rief mich Hans Rosenberg an und sagte: ‹Du kannst einen Lehrstuhl haben für Neuere Geschichte. Das war die Kommission, ich habe dich da vorgestellt, so, jetzt überleg dir das.› Das war die Zeit, als in Deutschland die «Spiegel»-Affäre lief, und meine Frau und ich waren der festen Meinung, daß man nicht mehr in diesem Land leben könne, wenn Strauß da heil herauskommen sollte. Er kam aber nicht heil heraus. Außerdem organisierte Carl Schorske, das kann ich zu seiner Ehre nur sagen, den frühen Widerstand gegen den Vietnam-Krieg. Damals kamen die ersten Nachrichten, daß die Rangers auf 15 000 Mann aufgestockt worden seien. Schorske verfaßte einen großen Rundbrief. So fange das immer an, dann würden immer mehr nachgeworfen, und auf einmal führt man Krieg in Südostasien mit 100 000 Soldaten; dann kämen die Särge zurück. Das fand bald eine ungeheure Resonanz. Wir sagten uns: Wenn wir hierbleiben, d. h. Amerikaner werden, dann muß unser Sohn Markus, er war damals gerade ein Jahr alt, vielleicht in den Dschungel von Nicaragua oder wer weiß, wo der nächste große Clash ist.

Dann habe ich schließlich Hans Rosenberg, der sehr enttäuscht war, abgesagt. Es war die Stelle, die dann Gerry Feldman bekommen hat. Aber an und für sich wäre das von einer Kölner Assistentenstelle ein toller Sprung gewesen; mit begrenzter Lehrtätigkeit von sechs bis acht Stunden. Aber ich wollte nicht, ich wollte auch nicht in einer Sprache schreiben und lehren, die mir nicht so ganz fremd ist, aber in der ich mich nicht selbstverständlich klar genug ausdrücken kann. Ich würde nie auf den Gedanken kommen, daß Leute, die exzellentes Englisch schreiben, wie Felix Gilbert oder Peter Gay, sagen, ‹Dein Englisch ist passabel›.

Aber der Hauptgrund war, daß ich die Bundesrepublik politisch viel spannender fand. Für Leute meiner Generation war es attraktiver und lohnender, sich zu engagieren und öffentlich die Klappe aufzumachen. Ich kam daher wieder zurück nach Deutschland und wurde Eugen Rosenstock-Huessy als Assistent zugeteilt. Er hatte eine Gastprofessur in Köln – ein genialer Mann. Er war im Februar 1933 nach Amerika emigriert. Er hatte auf diese Weise als einziger seiner großen Familie überlebt und wurde der *spiritus rector* des Kreisauer Kreises – Helmuth von Moltke und Freya, mit der er in Amerika zusammenlebte, das waren alles seine Assistenten und Doktoranden in Breslau gewesen.

Dann ist Ihr Amerikabild sehr früh geformt worden?

Ich würde sagen, die Weichenstellung, das war 1952 zu Beginn des Studiums, und dann nochmals 1962/63. Wir kamen nach anderthalb Jahren zurück, ein paar Tage vor Kennedys Ermordung, nachdem wir den ganzen Kennedy-Kult drüben begeistert mitgemacht hatten. Da war die Fixierung da, daß man nach dem Vorbild westlicher Länder Reformen in einer neuen Republik hinbekommen müßte. Wir wollten teilnehmen an diesem Prozeß und ihn nicht aus der Ferne, aus Kalifornien, beobachten.

Gibt es einen Grund, daß es immer USA war und nicht England?

Das hing zunächst mal mit der Finanzierung zusammen. William Fulbright, der Senator aus Arkansas, war ein sehr kluger Mann. Ich hatte ja auf dem Gymnasium gelernt, daß das römische Imperium ganz wesentlich darauf beruhte, daß besiegte Nachbargebiete nicht formell dem Imperium eingegliedert wurden, sondern durch Freundschaftsverträge angeschlossen wurden. Dazu gehörte immer, daß man etwa 20 junge Leute aus den vornehmen Familien dieses Gebietes nach Rom verschleppte und sie dort zu ‹Römlingen› erzog – in der Annahme, daß sie sich, wenn sie erst einmal 20 Jahre politischer Sozialisation in den römischen Adelsfamilien hinter sich hatten, zu verläßlichen Verbündeten entwickelten. Fulbright hatte eine ähnliche Vorstellung, er setzte ganz früh im Senat sein Programm durch. Außer einem allgemeinen Auswahlprogramm, an dem auch Franzosen, Engländer, Isländer teilnahmen, wollte er auch die ehemaligen Feindmächte einbeziehen in der Annahme, daß man sich dann einen Sockelbestand an Amerika mit Wohlwollen gegenüberstehenden jungen Leuten aufbauen könne. Das war ein grandioses Kalkül. Die Engländer haben erst seit ungefähr 1958 ihr Stipendienwesen allmählich geöffnet. Wolfgang Mommsen war einer der ersten. Nachdem er das Weber-Buch geschrieben hatte, wollte er über englischen Imperialismus arbeiten und ging nach England.

In die Vereinigten Staaten ging 1951 eine erste kleine Truppe, da war Bracher dabei; 1952 gingen wir. Da war aber die Skepsis noch so groß gegenüber Deutschen und Japanern, daß wir erst ein gutes Vierteljahr in die Obhut einer amerikanischen Familie gegeben wurden. Sie sollten uns sozusagen unter den Röntgenschirm legen. Das hieß *Experiment in International Living* und war eines der vielen Austauschprogramme. Da kam ich mit acht anderen in ein kleines Städtchen, Glens Falls, wo der *Lederstrumpf* spielt. Sehr wohlhabende, reizende Leute, alles Rechtsanwälte in einer riesigen Versicherungsgesellschaft, nahmen diese jungen Deutschen auf. Sie hatten alle mehrere Kinder, die studierten. Unsere Erfahrungen waren mehr als positiv. Sie betrachteten mich nach ganz kurzer Zeit als eine Art von Adoptivsohn. Wenn ich später in Amerika war, riefen sie einen Tag später an, ob sie nicht mal vorbeikommen könnten. Dann kamen sie nach Cambridge oder Princeton, und es wurde großes Wiedersehen gefeiert. Ich betrachtete sie als eine Art von Pflegeeltern in Amerika. Ich bin mit nur einem kleinen Köfferchen hin, sie haben mich dann erst mal amerikanisch eingekleidet, so daß ich zwei Semester überstehen konnte.

Amerika prägte zweifellos. Tritt demgegenüber der Einfluß der akademischen Figuren in der Bundesrepublik zurück?

Das würde ich nicht so eindeutig sagen. Manchmal hatte ich das Gefühl, nachdem ich wieder hier war und in Köln ein bißchen Fuß gefaßt habe, ich sollte wieder zurückgehen ins ‹gelobte Land›. Aber dann kam ich, weil ich in Amerika gewesen war, auf eine Hiwi-Stelle im Amerika-Institut, das war eine kleine Einheit im Kölner Historischen Seminar. Als die Stelle dann auslief, hatte Theodor Schieder eine frei und fragte, ob ich zu ihm überwechseln wollte. Damit begann der persönliche Einfluß von Schieder. Ich wohnte damals in einem Studentenheim, hatte dort eine sogenannte Tutorenstelle, d. h. ich konnte frei wohnen und erhielt 100 Mark im Monat noch dazu. Das war für mich viel Geld. Wenn ich vom Wohnheim die paar Meter zur Uni ging, kam ich immer an Schieders Haus vorbei. Ich hatte mir angewöhnt, anstatt zu warten, bis er hektisch anrief, er brauche noch das und das, morgens so um halb neun bei ihm zu klingeln und zu fragen, ob noch etwas anlag. Dann war er gerade in die Gänge gekommen und saß an seinem Schreibtisch. Er rief mir meistens irgend etwas über die letzten Schlagzeilen der «FAZ» zu oder worüber er gerade schrieb: ‹Kennen sie sich da ein bißchen aus? Dann will ich noch das und das machen; fürs Seminar will ich mich doch noch über Droysen einlesen› usw. In den 50er Jahren waren die Unis noch sehr ständisch. Die Schotten zwischen Professoren, Privatdozenten, Assistenten und der *misera plebs* waren fest geschlossen. Das war bei Schieder anders – ob das auf seine Zeit bei den Bündischen zurückging, weiß ich nicht. Er wirkte unnahbar und vor allem sehr ironisch, was manche Leute nicht gut verkraften konnten, auch nicht im Seminar. Wenn man ihn kannte und selber Spaß daran hatte, belebte es ungemein. Ich konnte ihn auch unentwegt zu meinen oder seinen Projekten fragen. Was ich ihm hoch angerechnet habe – es kursierten ja damals schon immer Gerüchte, von Gleichaltrigen verbreitet, die anderswo studierten: Er kam nie auf den Gedanken, sich ‹zuarbeiten› zu lassen. Er fragte höchstens einmal: ‹Wo kann ich das denn nachlesen über das Sprachenrecht, was Sie mir da erzählt haben?› Wenn ich später die Kapitel von Helmut Böhme und Immanuel Geiss gesehen habe, die sie für

Fritz Fischers Wälzer «Griff nach der Weltmacht» geschrieben haben – bei Schieder ließ das auch das intellektuelle Ehrgefühl nicht zu, so etwas von den Jüngeren zu erwarten.

War Schieder die einzige Person, die Sie akademisch geprägt hat?

Noch ehe ich den engeren Kontakt zu Schieder hatte, bin ich in Köln aus der Enttäuschung über das Geschichtsstudium in Bonn zur Wirtschafts- und sozialwissenschaftlichen Fakultät marschiert. Ich entdeckte dann, daß der interessanteste Mann für mich René König war. Er war lange im Ausland gewesen und jedes Jahr mindestens ein paar Monate in Amerika. König führte einen sehr entschiedenen Abwehrkampf gegen Schelsky und das Wiederauftauchen der braunen Soziologen. Schelsky war ja sehr einflußreich, brachte Arnold Gehlen, den braunen Philosophiepapst, wieder in Aachen unter und hatte in der Dortmunder Sozialforschungsstelle von Gunter Ipsen bis Hans Linde viele beisammen, die in der Nazi-Zeit reüssiert hatten. König fand, es sei allerhöchste Zeit, diesen Vormarsch zu stoppen. Im Grunde genommen war Königs Stärke, meine ich immer noch, eine hermeneutische Soziologie – im Sinne seiner ursprünglich geplanten Habilitation über die Entstehungs- und Entwicklungsgeschichte der Humboldtschen Universität. Mit seinen breiten Interessen hätte er eigentlich zu Troeltsch, Sombart und Weber gepaßt. Aber er war der Meinung, die Deutschen hätten in den Sozialwissenschaften genug Hermeneutik gehabt, sie müßten empirische Sozialforschung betreiben. Daher förderte er Scheuch und andere Leute wie Dietrich Rüschemeyer, die auf die Empirie setzten und die damals auch die Untersuchung vorantrieben, die zu den berühmten Aufsätzen in der «Kölner Zeitschrift für Soziologie und Sozialpsychologie» geführt haben über die

Selbsteinschätzung der Deutschen. Ein Ergebnis dieses Engagements war das «Handbuch der empirischen Sozialforschung», das mir König damals geschenkt hat mit der ironischen Bemerkung: ‹Da können sie ja vielleicht doch noch mal was daraus lernen.› König war sozusagen gespalten zwischen seinen eigentlichen Interessen, wo er dann auch in einer ganz anderen Sprache und mit anderem Temperament heranging, und dem, was er als Wahlsoziologie, Familiensoziologie usw. in Deutschland für notwendig hielt. Als ich in Köln studierte, machte er gerade ein Seminar über den jungen Marx, Schieder zufällig auch, ich hatte gerade als Hiwi bei ihm angefangen. Das war diese Welle, die aus Frankreich und England kam, nach der Entdeckung der Manuskripte des ‹jungen Marx›, die Herbert Marcuse 1932 rezensiert hatte. Wir entdeckten auf einmal, daß dieser junge Hegelianer vor '48 eine ganz brillante Figur sei und nicht nur der Erzvater der Sowjets. Das war für uns eine ganz merkwürdige Erfahrung, einen Anfang 20jährigen zu entdecken, der Entwicklungen prognostizierte, die dann 50 Jahre später so ungefähr eingetroffen waren. Keiner ist auf den Gedanken gekommen, deshalb in die SPD zu gehen oder in den SDS, aber die Welle erfaßte eben auch die Universität. In Köln machte das bei den Historikern nur Schieder. Als ich das Seminar vorbereitet und die MEW-Bände, die es bis dahin gab, gelesen hatte, konnte ich, als König das auch machte, immer die Zitate, die er in die Menge schleuderte, ergänzen. Das fiel ihm auf und er sagte: ‹Hören sie mal, wir haben viele gemeinsame Interessen, und ich habe einmal ein Buch über Machiavelli geschrieben als einen Mann der Krise. Lesen sie es doch einmal durch und dann kommen sie zu mir zum Abendessen, bringen sie Freundin oder Liebschaft mit und dann koche ich gut.› Das hat er auch ganz prächtig gemacht, er hatte eine sehr charmante junge Frau. Dann gab es einen sehr persönlichen Kontakt auch dadurch, daß man mit ihm mittags manchmal in die Mensa ging. Ich hatte auch das Gefühl, einer der großen Vorzüge meiner Amerikazeit war gewesen, daß ich nicht rechtzeitig in die deutsche Hierarchie eingebunden war. So sagte ich ihm etwa: ‹Herr König, es ist ja ganz schön und gut, ich verstehe auch nicht viel von Machiavelli, aber da überziehen Sie doch.› Er kam gar nicht auf den Gedanken, den Überlegenen zu spielen.

Haben Sie damals den Eindruck gehabt, daß Ihre Studiensituation eine Form von Liberalitätsinsel war im politischen Klima der frühen Bundesrepublik?

Der erste Crash, wo es etwas härter wurde, war in Köln kurz vor der Promotion. Das Studentenheim, in dem ich Tutor war, hatte sich in seiner Satzung verpflichtet, auch etwas für die geistige Entwicklung der Insassen zu tun. Da wurde immer ein Tutor gewählt aus einem höheren Semester oder jemand, der gerade Examen gemacht hatte. Ich habe Marx und Weber im Vergleich gemacht. Dann besorgte ich mir die damals greifbaren Bände der MEW. Ich kam aus Ostberlin nach Westberlin zurück und lief in die Fänge des Zolls. Der hat mir die Bücher abgenommen. Ich sehe mich noch da stehen am Bahnhof Zoo. Nach sechs Wochen bekam ich eine Aufforderung, ich sollte aufs Rektorat kommen. Rektor war Jahrreiss, ein bekannter Völkerrechtler, er hatte in Nürnberg verteidigt, nicht weil er ein Nazi war, sondern weil er meinte, beim Prozeß müsse man einen anständigen Verteidiger haben. Außerdem war er im Beirat des Studentenheims, in dem ich Tutor war. Daher kannte er mich ein bißchen. Er sagte: ‹Kommen sie doch einmal rein, ich muß ihnen etwas erzählen. Ich habe gerade einen Brief von Max Adenauer, dem ältesten Sohn unseres verehrten Bundeskanzlers, erhalten.› Der war Staatssekretär im Innenministerium in Nordrhein-Westfalen. Er schrieb, er hätte von der Sache erfahren und Jahrreiss solle die geeigneten Schritte ergreifen, um Herrn Wehler von der Universität zu entfernen. Jahrreiss, der so eine Löwenmähne hatte, ein ungeheuer eitler Mann, aber sehr scharfsinnig, hat richtig dreckig gelacht und gesagt: ‹Sie müssen wissen, was da läuft, ich werde natürlich den Teufel tun› – und warf das Schreiben demonstrativ in den Papierkorb. Da wußte man aber damals nicht, wenn man in die Fänge eines konservativen Juristen gekommen wäre, ob der nicht doch im Beirat gestänkert und gesagt hätte, man müsse jetzt mal endlich einen neuen Tutor wählen.

Gab es auch in wissenschaftlichen Belangen Druck?

Nachdem ich einen Aufruf für die Anerkennung der Oder-Neiße-Grenze unterschrieben hatte. Nach meiner Promotion hatte ich mit Schieder abgesprochen, als nächstes den amerikanischen Imperialismus zu machen. Dafür brauchte ich die gedruckte Dissertation. Denn ohne das Buch kriegte ich damals – 1962 – dieses tolle amerikanische Stipendium nicht. Vom American Council of Learning Societies, dem berühmten ACLS, wo alle Unis und Akademien drin sind, zeitlich unbegrenzt. Als ich dann in Düsseldorf im Konsulat fragte, was das denn hieße, sagten sie: Wenn sie drei Jahre brauchen, kriegen sie drei, wenn sie 5 Jahre brauchen, dann machen wir auch 5 Jahre. Sehr großzügig finanziert. Meine Frau Renate hatte gerade Markus bekommen, man konnte Kinder mitnehmen und man konnte hin und zurück 1500 kg Gepäck mitnehmen. Man hatte einen riesigen Bücheretat. Die Voraussetzung war nur, *the first book*, das mußte greifbar sein.

Schieder meinte, er kriege das am schnellsten über das Herder-Institut zustande, was damals etwas anrüchig war wegen der vielen Exnazis. Da könne er Druck machen, denn da sei er im Beirat. Dann lief das auch sofort. Auf einmal kamen keine

Fahnen mehr. Da habe ich ihm gesagt: ‹Es ist mir nicht angenehm, aber ich weiß gar nicht, an wen ich mich da wenden soll, bisher lief das ganz pünktlich und ich habe nur noch so und so viel Tage, dann muß ich das Buch bei der Auswahl-Kommission haben.› Er rief dort an. Das Auswärtige Amt hatte eine Dokumentationsstelle wegen der Oder-Neiße-Grenze, das machte ein Vertriebenenvertreter. Er hatte dem Herder-Institut gesagt: Da ist so ein Autor, der ist für die Oder-Neiße-Grenze und kauft auch Marx in Ostberlin. Der Direktor des Herder-Institutes erzählte das Schieder, der mich reinwinkte. Dann sagte er: ‹Sagen Sie mir das noch einmal, Sie halten den Druck an, weil Herr Wehler für die Oder-Neiße-Grenze ist?› Dann hat er einen bayerischen Zornesanfall bekommen: ‹Ich lege sofort meinen Sitz nieder, wenn morgen nicht die nächsten Fahnen da sind.› Das wirkte. Auf diese Weise war ich mit dem Buch rechtzeitig da. Im Rückblick waren das happige politische Auseinandersetzungen. Man wußte auch nicht, wie bedrohlich das geworden wäre, wenn ein Mann wie dieser Adenauer bei einem anderen Rektor einem wer weiß was für Knüppel in den Weg geworfen hätte. Irgendwann mußten Assistentenstellen immer verlängert werden, sie liefen damals nur zwei Jahre. Damals hatte ich den Eindruck: Schieder ist konservativ, sein Freund Conze ist im evangelischen Arbeitskreis der CDU. Das sind auch Schieders Sympathien, denn er war ein dezidierter bayerischer Protestant. Aber wenn es zum Konflikt kommt, kann man sich darauf verlassen, daß einem die Uni-Leute und Schieder in dem kleinen Gehege, in dem man sich bewegt, den Rücken frei halten. Ich hatte nie das Gefühl, daß ich da gefeuert würde oder nicht die Rückendeckung kriegte, die man als Anfänger braucht.

So wie sie das beschreiben, war es auch persönlich ein recht enges Verhältnis?

Ja, es wurde das auch durch solche Erfahrungen.

Das muß dann schmerzhaft gewesen sein, als das mit ‹Königsberg› und der braunen Vergangenheit Schieders bekannt wurde.

Ja, sehr, weil ich das zuerst nicht glauben konnte. Ich habe Schieder, wenn wir mittags oder abends zusammen aßen, gefragt: ‹Herr Schieder, Sie wissen ja, daß ich neugierig bin, nun sagen Sie mir doch einmal, wie war das denn in den 40er Jahren in Königsberg?› Darauf erwiderte Schieder etwa: ‹Hatten sie mir schon den Text von Clausewitz rausgelegt, den ich noch lesen wollte?› Dann habe ich das nächste Mal wieder gefragt, und er hat mich wieder durchdringend angeblickt und ist ausgewichen.

Als es dann herauskam mit dieser Denkschrift vom September 1939, sagten Familienmitglieder, der Vater hätte es immer mit Empörung abgewehrt, über die Vergangenheit zu sprechen. Bei der Denkschrift hatte ich zunächst das Gefühl, daß das doch nicht wahr sein könne. Schieder hatte wenig über den Nationalsozialismus geschrieben, aber viele Seminare darüber gehalten. Die waren absolut lupenrein, da waren wir auch hyperempfindlich, was den falschen Zungenschlag anging oder ein zu verständnisvolles Wort.

Und bei der «Dokumentation der Vertreibung» mauerte das Ministerium gegen Schieders Druck, den Abschlußband zu veröffentlichen, denn die ganze Anlage des Bandes war es, die Vertreibung als Gegenschlag gegen die deutsche Bevölkerungspolitik zu interpretieren. Man könne die Vertreibung der Deutschen nur verstehen im Kontext der deutschen Rassen- und Bevölkerungspolitik. Nun war Schieder gegenüber der beamteten Obrigkeit eher nachgiebig. Sie verkörperten für ihn immer noch etwas von der Hegelschen Staatsidee, und ich glaube nicht, daß er da wirklich hart geboxt hat, aber ich habe mit ihm drüber geredet, daß dieser Abschlußband erscheinen solle, der die Regionalbände zusammenfassen und eine allgemeine Interpretation anbieten sollte. Jedenfalls hatte man das Gefühl in den Seminaren über den Nationalsozialismus oder bei dieser Dokumentation der Vertreibung, daß er ‹koscher› war. Ich wurde nicht schlau draus, warum er so absolut mauerte und nur sagte: ‹Naja, damals war ich nicht gut auf dem Damm, sonst wäre ich eingezogen worden›. Nichts war aus ihm herauszukriegen.

Konnte man mit Rothfels darüber reden?

Ich habe Hans Mommsen gefragt, ich habe Heiner Winkler gefragt, ich habe Dieter Geyer gefragt, der erst Assistent in Tübingen und dann Kollege von Rothfels war; sie liebten ihn alle heiß und innig. Bei Rothfels war doch der Abstand noch größer zu den Jüngeren schon vom Lebensalter her, aber auch von der Statur her – Rothfels war im Grunde ein wilhelminischer Ordinarius. Er war vor 1914 ausgebacken gewesen und dann in der Weimarer Republik zum Zuge gekommen. Er ging sehr pfleglich, klug und liberal mit Jüngeren um, aber daß man die Schwelle übersprang und sagte: ‹Naja, Sie sind ja wegen ihrer jüdischen Herkunft in Amerika gelandet, erzählen sie doch mal, was Sie bis 1933 in Königsberg angerichtet haben, mit der Grenzlanduniversität und nationalpolitischen Aufgaben, wozu haben Sie denn Schieder und Conze ermuntert› – das war undenkbar. Im nachhinein sagen Hans Mommsen und Dieter Geyer, vielleicht wäre er ja ganz ruhig darauf eingegangen und hätte geantwortet: ‹Das ist für mich so weit zurück wie die Steinzeit. Aber damals habe ich fest geglaubt, der homogene Nationalstaat ist für Osteuropa des Teufels. In dieser Mischzone kann er nicht funktionieren, man muß föderale Systeme entwickeln› – aber dahinter stand natürlich für ihn immer die deutsche Hegemonie. Es hat keiner versucht, so mit ihm zu reden. Dann habe ich Hans Mommsen und Wolfgang Schieder gefragt, ob sie mit Conze reden konnten. Auch Conze wich da aus. Er hielt in regelmäßigen Abständen eine große Vorlesung über die Weimarer Republik und den Nationalsozialismus. Am Schluß der Vorlesung kam der stereotype Satz: ‹Und dann gibt es noch diese unsägliche Geschichte mit den Juden, aber das ist ein ganz anderes Thema.›

Ist es so verwunderlich, daß die Väter schweigen?

Gemessen an der protestantischen Wahrhaftigkeit ist das schon erstaunlich, daß sie in ihrer Familie mauerten. Conze hat drei Söhne. Warum hat er nicht einmal mit seinen Jungen darüber gesprochen und gesagt, ‹Ihr könnt ja froh sein, daß Ihr hier in Heidelberg groß werdet.› Oder warum hat Schieder nicht mit seinen vier Kindern darüber gesprochen?

Weder die Väter noch die Söhne haben darüber gesprochen. Eine Historisierung des Nationalsozialismus ist ja weder am Beispiel der eigenen Väter noch der Geschichtswissenschaft insgesamt praktiziert worden.

Das geschah erst nach 1968, eher noch viel später.

1968 kommen erst die Anklagen und die pauschalen Vorwürfe. Vielleicht sind die Frageblockaden sehr viel weiterreichend und sehr viel umfassender und betreffen nicht nur die Akteursgeneration. Was ich meine: Es hat Sie alle doch auch nicht so brennend interessiert, weil Sie sich ja selber als Historiker nicht mit derartigen Fragen über den Nationalsozialismus beschäftigt haben.

Das ist unterschiedlich. Hans Mommsen ist ja nach der Diss. bei Rothfels ganz früh in die Zeitgeschichte marschiert und dann auch da geblieben. Von den Kölnern keiner, außer Broszat, weil er – damals waren die Jobs rar – das Angebot des Münchner Instituts bekam; damit war natürlich, wie man jetzt sieht, sein Weg vorgezeichnet.

Aber Broszat hat ja auch erst in den 80ern mit dem, was er dann Historisierung des Nationalsozialismus genannt hat, diese Perspektive skizziert. Der Briefwechsel mit Friedländer macht ja die Probleme deutlich, die selbst noch in den 80ern bestanden. Ein weiteres Argument wäre, daß Ihre Generation, die sich immer auf den ‹Sonderweg› bezogen hat, sich relativ wenig mit dem Nationalsozialismus selber beschäftigt hat und sehr wenig gefragt hat, was die Leute damals eigentlich umgetrieben hat.

Das ist richtig. Es gibt früh Weichenstellungen, die sieht man im Augenblick dann vielleicht nicht so, aber durch die Dissertation hing ich dann am Kaiserreich fest und ärgerte mich, wie die Debatte über Nationalsozialismus darauf hinauslief, daß alles mit dem Scheitern von Weimar zusammenhängen sollte. Dann gab es das ungeheuer eindrucksvolle Buch von Bracher. Wenn man sich überlegt, daß er in drei Jahren die «Auflösung der Weimarer Republik» zu Stande gebracht hat, das beeindruckt einen schon. Man wußte, das kann nicht aus den drei, vier Jahren der Krise und des Scheiterns allein kommen. Dann kam aufgrund der Vorarbeiten der Krebsgang, der Rückmarsch in das Kaiserreich. In dem Augenblick, wo man sich damit exponierte und weil man ja auch einiges wußte, so daß man etwas darüber schreiben konnte, da entstand schon eine Festlegung. Im Nachhinein bin ich ja auch oft gefragt worden, warum ich das nicht von einem bestimmten Augenblick an gekappt habe und in die Zeitgeschichte gegangen bin? Warum haben das nur die Münchner und Hans Mommsen, Heiner Winkler und Wolfgang Schieder gemacht? Nach der Diss. hatte ich eben die Vorstellung, ich brauchte unbedingt den Ausbruch aus der deutschen Provinzialität und habe mich mit dem amerikanischen Imperialismus beschäftigt.

Könnte es auch sein, daß eine Scheu bestand, sich mit der eigenen Affiziertheit von früher intensiver zu beschäftigen?

Das glaube ich eigentlich nicht. Schieder hatte einem immer wieder eingebleut: Vergessen Sie nicht die goldene Regel, die Habil. muß über ein anderes Thema in einer anderen Zeit und in einem anderen Land gehen. Deshalb war er auch sehr zufrieden, daß Mommsen den britischen Imperialismus bearbeitete und Berding, nachdem er Sorel analysiert hatte, zurückkehrte in die napoleonische Satellitenzeit. Da hatte man das Gefühl, man gehorche der Diversifizierungsregel. Auf lange Sicht ist das den meisten von uns auch gut bekommen, daß man einmal Zeit für die Beschäftigung mit einem neuen Thema gehabt hat – in einer Zeit, als es nur wenige Sitzungen für Assistenten gab, zwei Proseminare und Sprechstunde – das war es im Semester. Und die andere Zeit hatte man von früh bis spät für sich.

Es gab ja unter den Historikern wenige wirklich bekannte schwarze Schafe. Wenn sie bekannt waren wie Günther Franz, der Bauernkriegs-Franz, dann war das so eindeutig, daß man das ohnehin abstoßend fand, daß er 1958 eine Professur in

Hohenheim bekam. Allgemein waren viele der Vorwürfe von 1998 aber nicht bekannt. Ich kam mir eigentlich schon ganz mutig vor, daß ich Schieder einfach mal über diese Zeit, wo er schon auf seiner Königsberger Professur gesessen hatte, fragte. Dann habe ich mich gewundert: Man kriegte aus dem Meister kein Wort heraus, was gibt es da vielleicht für Leichen im Keller? Daß er da Protokoll geführt oder selber die Denkschrift geschrieben hatte, darauf wäre ich aber nicht im Traum gekommen.

Aber als das rauskam, waren ja eigentlich alle aus dieser Generation sehr überrascht. Die Reaktion zunächst war ja eine eher abwehrende.

Es war ja vorher rausgekommen. Die Denkschrift hatten Roth und Ebbinghaus 1992 publiziert. Ich dachte, jetzt weiß man doch, warum er über Königsberg geschwiegen hat. Da hing ich aber mit dem Band 2 der «Gesellschaftsgeschichte» fest, den Beck erwartete, so daß ich keine Lust hatte, mich da reinzuknien und mir das Problem selber vorzunehmen. Dann kam der Frankfurter Historikertag von 1998. Da ging ich eigentlich aus Neugierde hin. Ich war nicht auf dem Podium, Jürgen Kocka aber als Kommentator. Winfried Schulze, den wir seit Urzeiten kannten, leitete die Diskussion. Das fanden wir auch alle richtig. Dann hatte Aly seinen Lauf. Jeder hatte 20 Minuten, nach 40 Minuten versuchte ihn Schulze etwas zu bremsen. Ich bin dann nach vorn gegangen und habe für Verständnis plädiert, ohne zu ahnen, daß das der Beginn einer Debatte war, die in den nächsten zwei Jahren Furore machen würde. Auch noch nicht mit dem Eingeständnis, in welche Abgründe man dann bei verschiedenen Leuten blickte, die man ganz anders kennengelernt hatte. Mein Argument war eigentlich, daß die Bundesrepublik von der zweiten Chance gezehrt hat und daß das sozusagen ein typischer Fall sei und die eigentliche intellektuelle Erfolgszeit dieser Männer, Schieder und Conze, erst nach 1949/50 begonnen habe. Seither kann man wenig – außer dem Versteckspiel, was moralisch anstößig bleibt – wissenschaftlich kritisieren. Sie hatten interessante Fragen, sie stießen Projekte an, sie kümmerten sich um ihre Leute und waren insgesamt – aus der Vogelperspektive – für die kleine Historikerzunft weit eher ein Gewinn als eine Belastung.

Gibt es Indizien dafür, welche ‹Lernprozesse› sich bei Conze und Schieder vollzogen haben? Bei Conze kann man es ja noch eher nachvollziehen an bestimmten Texten, die er in den frühen 50ern geschrieben hat. Seinen Strukturgeschichte-Aufsatz kann man als solches lesen. Gibt es ähnliches auch von Schieder, etwas, wo man sagen kann, daß in der Art, wie er sich als Historiker über politische Fragen äußerte, ein Lernprozeß erkennbar wird?

Bei Schieder, der wie alle Bündischen dem Parteienwesen skeptisch gegenüberstand, kann man das ganz gut ablesen an den Schriften über die Parteiengeschichte. Schieder war in einer Kommission, welche die historischen Grundlagen für ein Parteiengesetz feststellen sollte. Das war in den 50er Jahren, das habe ich noch miterlebt: die ewigen Reisen zu der Kommission, seine Stellungnahmen. Ein Parteiengesetz sollte entstehen, das so weit und so liberal gefaßt war, daß man alles drin unterbrachte, das aber, das war die Hauptintention im Gegensatz zur Reichs- und Weimarer Verfassung, die Parteien über die paar dürren Worte im Grundgesetz hinaus bewußt in das politische System einbauen sollte – als Mitträger von Staatlichkeit. Aus politischen Gründen ist es nicht dazu gekommen, weil sich unter den Parteien keine Einigkeit erzielen ließ, wie sie sich selber im Gesetzestext wiederfinden konnten. Ich habe einmal einen Entwurf der Kommission gelesen, da war der Großteil von Schieder geschrieben. Das müßte eigentlich auch in seinem Nachlaß sein, weil er jeden Fetzen verwahrt hat. Wie sollte ein deutsches Parteiengesetz aussehen? Das war die Frage. Wenn man Schieders Entwurf las – das war inhaltlich schon eine andere Welt, wenn man das kontrastiert mit der früheren Kritik an den ‹liberalistischen Strömungen›; das war das verächtlichste Wort, was diese Generation für die politische Ordnung hatte. Sonst muß man das herausinterpretieren aus Aufsätzen, die gar nicht danach aussehen. Die Antwort von Haar und Fahlbusch war bei den paar Diskussionen, die ich mit ihnen hatte, daß das alles nur Anpassung war, um in der Bundesrepublik zu überleben. Sie mußten das neue System schlucken – das ist auch Schöttlers Meinung gewesen. Aber es waren kluge Leute, sie waren relativ jung, gerade über 30 und schon Dekan oder Institutsleiter in Königsberg oder Posen, da sind unsere Doktoranden gerade mit der Diss. in der Endfassung. Dann ist das auf einmal alles vorbei und sie müssen sich Rechenschaft ablegen. Und dann kommen ein paar Jahre, in denen sie keine Position haben, sich mit vier Kindern durchschlagen. Da kann man natürlich sagen, wenn sie nicht Wort für Wort das Gegenteil nachweisen, ist es eben die Anpassung, welche die meisten Bundesbürger vollzogen haben. Das paßt aber nicht zu meiner Vorstellung.

Als alles rauskam in den 90ern, ging es in erster Linie um Schieder und Conze oder ging es darum, daß im Subtext transportiert wurde, damit sei auch die Sozialgeschichte desavouiert?

An der Oberfläche ging es schon um Personen. Aber es ging natürlich um mehr, vor allem bei Historikern wie Schöttler.

Er ist der Meinung, aus dieser braunen Wurzel komme die Sozialgeschichte. Es ist ganz klar: Wenn die daher kommt, dann braucht man nicht einmal genauer hinzusehen. Dagegen kann ich nur sagen, ein gewisses Maß an Kenntnis der Wissenschaftsgeschichte – z. B. wie wenig Sozialhistoriker sich bei Schieder nachweisen lassen – belehrt einen eines besseren. Obwohl Schieder Sozialgeschichte gelten ließ. Oft übersieht man auch, wie wenige Leute das im Grunde bei Conze gewesen sind. Sehr viele haben auch über ganz konventionelle politikgeschichtliche Themen gearbeitet. Wie erstaunlich groß aber der Anteil ist, der durch Gerhard A. Ritter gewonnen wurde, das ist eindeutig, und er sagt ja selber, es sei der Einfluß von Rosenberg gewesen, der ihn zur Sozialgeschichte gebracht hat.

Wenn man sieht, welche Einflüsse auf diese Jüngeren, die dann für Sozialgeschichte genannt werden, eingewirkt haben, dann sind es eben ganz andere. Dann sind es bei vielen Weber und zeitweilig der junge Marx, nicht die braune Königsberger Zeit. Conze verehrte Ipsen sehr, das gab er auch zu. Es gibt viele Leute, die sagen, Ipsen habe ein Lehrcharisma gehabt. Kurz vor seinem Tod wollte Conze auf dem Historikertag zu seiner anfänglichen Bevölkerungsgeschichte á la Ipsen zurückkehren und sie neu angehen unter dem Gesichtspunkt der Soziobiologie. Da habe ich, ohne etwas zu ahnen von den wirklichen Königsberger Verhältnissen, im Arbeitskreis für Sozialgeschichte gesagt, er solle doch lieber die Finger davon lassen. Es sei doch alles sehr ungesichert mit der Soziobiologie. Ja, sagte er, aber damit habe er sich schon lange beschäftigt. Das war die Rückkehr zu den alten Ipsenschen Impulsen.

Das Argument, daß die Sozialgeschichte insgesamt kompromittiert sei, weil sie aus diesen braunen Wurzeln stamme, ist dann aber nicht mehr in einer massiven schriftlichen Form aufgetaucht. Es läßt sich auch mühelos widerlegen, wenn man sieht, wer sich damit identifiziert hat, wer sie betrieben hat, wo sie herkommen und wo die Einflüsse lagen.

Welche Rolle spielen generationelle Prägungen in diesen Vergangenheitsdebatten?

Ich glaube nicht an die ‹Gnade der späten Geburt›, wohl aber, daß der Zufall des Geburtsjahres eine große Rolle spielt. Alle, die vor dem Jahrgang 1928/29 geboren worden und noch als junge Soldaten eingezogen worden sind, haben fundamental andere Erfahrungen als meine Generation gemacht. Der Krieg ist schon eine ganz andere Erfahrung. Und dann kommt die schmale Zone der Flakhelfer, da kenne ich Habermas' Erfahrung aus seinen Erzählungen. Dann kommen die, die noch ein bißchen mit Waffen gespielt haben, aber nicht mehr ernsthaft verheizt worden sind. Das Schlimmste war, wenn man nach den Angriffen auf Köln den Leuten half, aus den brennenden Häusern herauszukommen. Aber es ist überhaupt nicht zu vergleichen mit den Kriegsteilnehmern.

Ich will nur sagen, der Unterschied von wenigen Jahren: ob man noch eingezogen worden ist oder ob man gerade noch auf dem Wachturm bei Bayer in Leverkusen betete, daß man mit der Vierlingsflak von den amerikanischen Nachtjägern nicht runtergeschossen wurde oder ob man das Jungvolkleben noch mitgekriegt hatte, das sind schon sehr große Differenzen. Denn ob es auf Leben und Tod geht oder nicht, das bleibt ein Riesenunterschied. Ich erkläre mir ja auch die Tatsache, daß sich die Generation der zwischen 1928/29 und 1943/44 Geborenen in einem erstaunlich großen Maße in die Politik eingemischt und in der Öffentlichkeit interveniert hat wie Habermas und Dahrendorf und Lepsius und die Mommsens usw. durch diese Berührung mit dem Krieg.

Angesichts dessen – was würden Sie sagen: Welche Rolle spielt der Zufall in Ihrem Leben? Als Historiker ist er ja nicht Ihre Sache.

Nein. Es kommt mir immer wie eine intellektuelle Kapitulation vor, wenn man zu früh den Zufall beschwört, als ob man nicht lange genug gebohrt habe, um noch Rahmenbedingungen zu finden, die geprägt haben. Auf der anderen Seite gibt es fraglos viele Zufälle. Erst einmal gibt es den Zufall des Geburtsjahres. Dann den Zufall, daß man in Westdeutschland in einer im Grunde unberührten Kleinstadt lebte. Es waren nur zwei Bombenangriffe, gegenüber von uns landete ein Volltreffer, da haben wir die Leute nach acht Stunden ausgegraben. Sie hatten im Luftschutzbunker überlebt, das andere Haus war hin. Das war alles. Im Vergleich mit dem, was ein paar Kilometer westlich in Köln passiert ist, war das so gut wie nichts. Dann hätte es ja sein können, daß dieses ‹Wehrertüchtigungs-Lager› in ein Werwolf-Fähnlein verwandelt worden wäre – da sind die Jungen gestorben wie die Fliegen, weil sie gar nicht wußten, wie man mit erfahrenen *Marines* und *Irish Guards* umgeht. Dann war es ein Zufall, daß in dem Augenblick, wo ich ziemlich gut Englisch konnte, die Amerikaner das Fulbright-Programm auf Deutschland und Japan ausdehnten. Durch einen Zufall war mein Name auf der großen Liste, die das Generalkonsulat in Düsseldorf führte, übersehen worden. Sie hatten die 40 Studenten in persönlichen Interviews schon ausgesucht. Dann hat jemand gesagt: Da steht einer unter denen, die eingeladen werden sollen, weil er von seinem Englischlehrer gute Empfehlungen hat, fairerweise müssen wir dem wenigstens die Chance eines Interviews geben. Ich weiß noch genau, wie ich nach Düsseldorf gefahren bin. Ich saß einem Gremium von drei Leuten gegenüber, die halb neugierig, halb gelangweilt waren, daß sie nun noch ein Interview führen mußten. Da war eine Frau, sie war die Wortführerin, die sagte: ‹Sagen sie mir doch mal, was haben sie denn von Hemingway und Faulkner gelesen?› Ich habe erzählt und erzählt; ich hatte deren Bücher wirklich verschlungen. Dann lockerte sich das sehr schnell auf und es ging quer Beet durch das, was ich vom amerikanischen Sport wußte. Da wußte ich jeden, der 10.2 und schneller lief. Dann ging ich raus. Nach einem Augenblick des Wartens sagten sie, sie nähmen mich noch mit, als einundvierzigsten. Das war wirklich ein reiner Zufall. Wenn ich in der Menge der anderen durchgelaufen wäre, wäre das vielleicht gar nicht so aufgefallen, oder sie hätten andere Fragen gestellt. Dann hatte ich sozusagen den Vorsprung, als ich zurückkam. Es hieß, der war schon mal draußen, der hat nicht so enge Interessen. Das sind dann diese Hiwi-Stellen-Stationen. Das kann man zwar alles als relativ plausible Entwicklung konstruieren, aber in Wirklichkeit sind da immer so kleine Wendepunkte, an denen es auch ganz anders hätte kommen können.

Goethe beginnt «Dichtung und Wahrheit» mit dem Anspruch, in der Autobiographie käme es darauf an, innere Regungen und äußere Einflüsse zu bestimmen. Was Sie jetzt geschildert haben, waren lauter äußere Einflüsse und strukturelle Konstellationen. Können Sie diese strukturellen Bedingungen auch mit inneren Regungen verbinden?

Die inneren Regungen waren etwa die, daß ich das Gefühl hatte, daß die Diss. steht und es gar nicht mehr in Frage kam, Studienrat an einer Schule zu werden. Auch wurde es immer fragwürdiger, ob ich wirklich in diesen Zeitungsrummel wollte. In dem Augenblick bekam ich drei Angebote. Kluxen ging nach Erlangen und fragte mich, ob ich die Assistentenstelle bei ihm haben wollte. Kluxen war eine rheinische Frohnatur, ein merkwürdiger Linkskatholik. Dann fragte Conze Schieder, ob er mich nicht freigeben würde, er wollte eine Stelle besetzen. Dann machte mir Schieder ein Angebot. Ich wollte lieber in Köln bleiben, da hatte meine Frau auch gerade ihren ersten Job. Durch dieses gehäufte Angebot hatte ich das Gefühl: ‹Wenn dir drei ganz unterschiedliche Menschen das zutrauen, dann kannst du auch auf diese Karriere hinsteuern.› Jetzt sieht das ja so aus, als ob wir uns alle in Erwartung der Hochschulexpansion dahin bewegt hätten. Aber bis Schieder eine neue Stelle bekam, hatte das Historische Seminar in Köln nur die eine Assistentenstelle, die es 1914 bekommen hatte. Und sie stand traditionell den Mediävisten zu. Dann bekam Schieder noch eine, die er mit Wolfgang Mommsen besetzte. Wenn uns irgend etwas überrascht hat, dann diese vehemente Expansion in den 60er Jahren, als es auf einmal 1000 Stellen mehr gab.

So viel – wie Sie sagen – Zufall, beißt sich das nicht mit der Gewohnheit, möglichst viel an Erklärungskraft den äußeren und dann möglichst auch längerfristigen Strukturen zuzuschreiben?

Ich kann das nicht leugnen – die Zeit, in der man groß wird in einer relativ behüteten Stadt, das Erleben des Kriegsendes, diese schmerzhafte Erfahrung, daß der Vater nicht zurückkommt. Das ist eine lange nachwirkende Kriegserfahrung. Aber insgesamt ist es ja doch eine eher glückliche Konstellation, wenn ich das mit der Lebensgeschichte von anderen in dieser Zeit vergleiche. Auch daß man das Gefühl hatte, man gehörte zu den Privilegierten, daß man anderthalb Jahre ins gelobte Land kommen konnte. Das fällt mir schon sehr schwer, das wegzudenken. Das kann ich mit allgemeinen strukturellen Bedingungen verbinden, daß die Bundesrepublik im westlichen System ankam und sich die Lage auf den verschiedenen Lebensgebieten verbesserte. Aber ich glaube, es wäre schon eine Gefahr, wenn man in einen Lebenslauf im Nachhinein strukturelle Gradlinigkeit projizierte.

Was ja in vielen Autobiographien gemacht wird.

Ja, das ist der Hauptfehler der Autobiographien, daß sie glauben: So bin ich angekommen und so ist es stufenweise darauf hinausgelaufen. Ich wußte ja auch gar nicht, nach diesem Theater um die Habil. mit dem amerikanischen Imperialismus, wie lange ich in Berlin bleiben würde. Da war dieser Lehrstuhl für Amerikanische Geschichte, den die Historiker partout nicht mit mir besetzen wollten. Nipperdey hatte ein großes Sondervotum geschrieben, aber Fraenkel und Löwenthal haben mich in der Kommission durchgesetzt, 1970 fing ich dort an. Als mir kurz danach Koselleck das Angebot machte, nach Bielefeld zu kommen, fand ich das reizvoll, weil ich dachte, man könne einmal auf der grünen Wiese ohne Rücksicht auf die alten Männer etwas durchziehen. Es wäre aber durchaus möglich gewesen, daß sich Bielefeld zerschlagen hätte, wenn Rau gesagt hätte: 15 Universitäten sind mir jetzt doch ein bißchen viel, ich gehe zurück auf 12. Das war eine rein regionalpolitische Entscheidung, weil Bochum mit dem katholischen Erzbischof seine Universität bekommen hatte. Deshalb sollte die August-Bebel-Stadt auch eine Uni haben. Vor der Stelle in Berlin hatte ich 12 Absagen bei Bewerbungen, und zwar immer bei Kontrahenten, wo ich das Gefühl hatte, ich sei nicht wirklich schlechter. Es gab die abstrusesten Vorwürfe, ich sei Marxist, Leninist, Maoist und was auch immer sich da noch steigern ließ. Man wußte nicht, wie lange das noch anhalten würde, im Überhang der Atmosphäre des Kalten Krieges.

Für viele von uns war diese unerwartet hektische Expansion der späten 60er, frühen 70er Jahre unvorstellbar – was allein in Nordrhein-Westfalen an diesen 15 Universitäten an Stellen geschaffen wurde – Professoren-, Assistentenstellen und Diätendozenturen für die Habilitierten für sechs Jahre. Die Generation von Schieder und Conze hat immer nur gestaunt. Dann allerdings auch nicht ohne Stolz gesagt: Wir haben so viel gute Leute ausgebildet, wir werden das schon schaffen, die Stellen im abendlichen Telephonat zu besetzen.

Gibt es Romane oder Filme in den 50er Jahren, die prägend waren?

Wenn Sie nach Büchern fragen – eines der Bücher, die mich am meisten beeinflußt haben, ist Eugen Rosenstock-Huessys «Die europäischen Revolutionen und der Charakter der Nationen». Eine Revolutionsgeschichte – er fängt an mit etwas, was wir gar nicht mehr so richtig sehen: mit der Papstrevolution. Dann die Revolution der Territorialfürsten gegen das Reich, dann die Französische, Amerikanische, Englische Revolution. Und am Schluß ein merkwürdig verständnisvoller Beitrag über die Russische Revolution. Rosenstock hatte die Fähigkeit, alles – Münzen, Dokumente, Denkmäler, Siegel – interpretieren zu können. Er galt als Wunderkind, sein Patenonkel war Theodor Mommsen. Mit 14 Jahren hatte er ein komplettes Register zur Treitschkeschen «Deutschen Geschichte» gemacht. Dann hat der alte Mommsen zu dem Vater gesagt: ‹Paß mal auf, wie gut er auf dem Gymnasium abschneidet.› Danach hat Mommsen verfolgt, wie er Jura studierte. Er hat zu ihm gesagt: ‹Wenn du dich habilitieren willst, dann gilt eine Regel: Du mußt alle gedruckten Quellen in dem Bereich kennen, für den du dich habilitierst.› Da ich wußte, daß Rosenstock sich ursprünglich für Geschichte und Rechtsgeschichte von 800 bis 1200 habilitiert hatte, fragte ich ihn, ob er alles gelesen habe. ‹Ja›, sagte er, ‹ich habe alles gelesen, ich habe Tag und Nacht die Monumenta gelesen, die englischen und französischen Quellensammlungen.› Dann hat er sich habilitiert. Danach wurde er sofort eingezogen. Er war vor Verdun, und er war tief deprimiert, daß auch die deutschen Intellektuellen so im Krieg versagten hätten. Später hat er bei Mercedes-Benz eine Werkszeitung gemacht, dann die Akademie der Arbeit in Frankfurt. Schließlich bekam er den Lehrstuhl in Breslau, wo er ein bekannter Mann wurde und «Die europäischen Revolutionen» geschrieben hat. Das ist zwar altertümlich formuliert, aber die Revolutionen werden als entscheidende Weichenstellungen des *nation building* beschrieben.

Was noch?

Dann habe ich in Amerika mit großer Empörung den «Fragebogen» von Salomon gelesen. Ich fand es ungeheuer verlogen, wie er seinen Haß auf die Amerikaner auskippt. Zu der Zeit wußte ich, daß er einer der Rathenaumörder war. Salomon beschreibt die, die mit dem mentalen Gepäck von Weimar in den Nationalsozialismus marschierten und damit fertig zu werden versuchten. Das ist ein Riesenunterschied zu denen, die erst nach 1928/29 geboren worden sind.

Und Filme?

«Die Brücke» von Wicki. Da habe ich gedacht, er könnte mich Tag und Nacht interviewt haben. Diese Pimpfe in der bayerischen Stadt, die die Stadt verteidigen wollen gegen die Amerikaner und jeder Zuschauer weiß: Ihr verreckt umsonst. Und auch diese pubertären Einstellungen gegenüber den BDM-Mädchen. Diese Jungen, die dann mit der Flinte im Baum auf die Amerikaner warteten oder die eine Panzerfaust bedienten und nicht die Grundregel beachtet hatten, erst hinter sich zu blicken, wo der Feuerstrahl hingeht – das fand ich ungeheuer treffend. Das war genau die Atmosphäre, als wir uns am Stadtrand von Gummersbach versammelten, um das ‹Reich› zu retten.

III. Die Entstehung der Historischen Sozialwissenschaft

Welche Form von Geschichtswissenschaft konnte man in den 1950er Jahren an einer bundesdeutschen Hochschule lernen?

Nach meinem Amerikaaufenthalt direkt nach dem Abitur habe ich in Bonn angefangen zu studieren. Der Bonner Historikerbetrieb war absolut niederschmetternd. Da war ein Mann für die Neuzeit namens Braubach, der besprach im Seminar nur Bücher, die man kennen müsse oder lesen solle. Er hielt ein Seminar ab, angekündigt als ‹Deutscher Widerstand›. Da wurde überhaupt kein Wort über die Probleme des Widerstandes gewechselt. Dann war Steinbach da, das war ein Mann des Mittelalters und der Frühen Neuzeit, der als Gelehrter viel galt, aber sich wenig Mühe gab für die Vorlesung. Von Soziologie war in Bonn überhaupt nicht die Rede. Jedenfalls bin ich in heller Panik am Ende des Semesters geflohen. Nun hatte ich mich, ehe ich nach Amerika ging, ein paar Wochen in Köln umgetan. Da hatte mir Schieder als einziger wirklich imponiert. Daher bin ich dorthin zurückgegangen. Eine Abteilung des Historischen Seminars, das sogenannte Amerikainstitut, das von Dietrich Gerhard geleitet wurde, wurde zu einer Art *homebase* für mich. Da hockte eine kleine Clique für sich. Gerhard betrieb auf eine sehr intelligente Weise den Vergleich von amerikanischen und deutschen Phänomenen. Schieder hielt sehr souveräne Vorlesungen und machte interessante Seminare. Ich wurde dann, weil das ein sehr überschaubarer Betrieb war, nach kurzer Zeit Hiwi und bereitete auch Sachen für Schieders Seminar vor, weil Wolfgang Mommsen mit Hochdruck an der Schlußphase seiner Staatsarbeit und künftigen Diss. über Max Weber saß. Schieder machte gerade Seminare über den jungen Marx, über den Marx in der 1848er Revolution, die Bedeutung des Kommunistischen Manifestes, und zwischendurch einmal ganz streng, Satz für Satz, Droysens Historik. Dann hielt er ein großes Clausewitz-Seminar ab: Clausewitz sozusagen als intellektuelle Schlüsselfigur zwischen Hegel und Marx, was ich damals und auch heute noch einigermaßen kühn finde. Das war intellektuell aber außerordentlich anregend. Sonst aber war es in Köln auch nicht so grandios. Es gab in der Wirtschafts- und Sozialwissenschaftlichen Fakultät einen Mann namens Ludwig Beutin, der betrieb auf eine sehr konventionelle Weise Wirtschaftsgeschichte, als wenn er ein später Schmoller-Schüler wäre. Der Nachfolger wurde dann Hermann Kellenbenz; das war ein reiner Faktenhuber. Ich erinnere mich noch an eine Vorlesung über die Beziehungen Europas zu Südamerika. Da hieß es dann immer: Auf der Kogge sowieso waren 20000 Kupferringe unterwegs nach La Plata, schrecklich. Dann gab es noch einen interessanten Mann in der Neuzeit, das war Peter Rassow, der mit einer Tochter von Hans Delbrück verheiratet war und sozusagen familiengeschichtlich Beziehungen zu dem alten Berliner Kreis der Historiker hatte. Bei dem habe ich über den ersten Weltkrieg gearbeitet, den wir den Siebenjährigen Krieg nennen, von 1756 bis 1763, in dem der Kampf um die Aufteilung der Welt zwischen England und Frankreich entschieden wurde. Als wir später nach Bielefeld umzogen, fand ich den Entwurf einer Dissertation, ca. 60 Seiten lang. Ich fand damals, daß die preußenzentrierte Perspektive auf diesen Krieg korrekturbedürftig sei – Preußen war doch in Wirklichkeit nur eine Art Handlanger der Engländer in dieser großen Auseinandersetzung, die den Engländern Nordamerika und Indien brachte. Das fand ich aber dann, nachdem ich bei Schieder angebissen hatte, nicht mehr so interessant.

Wenn man die programmatischen Texte von Ihnen und anderen zur Historischen Sozialwissenschaft aus den 60ern und 70ern liest, wird ein sehr negatives Bild der bundesdeutschen Geschichtswissenschaft der 50er Jahre gezeichnet. Wie sehr ist das der polemischen Konfrontation geschuldet? Die Historiographiegeschichte betont ja inzwischen, daß es relativ viele Leute in den 50er Jahren gab, die nicht diese antiquierte, rein politikgeschichtliche Geschichtsschreibung gemacht haben: neben Schieder etwa Conze, Rothfels, Brunner und Rosenberg in seinen Berliner Veranstaltungen.

Brunner kam spät nach Hamburg wegen seiner braunen Vergangenheit. Schieder wollte ihn nach Köln holen. Da gab es aber eine Intrige, der Kölner Erzbischof sagte: Diesen braunen Protestanten nicht. Köln war damals noch Stadtuniversität. Wenn städtische Mittel flossen, hatte das erzbischöfliche Palais immer noch Einfluß. Also kam Brunner dank Aubin nach Hamburg. Er hatte aber fast keine Schüler, er hat nur einen promoviert, den kennt man überhaupt nicht. Rothfels in Tübingen machte im Grunde genommen kultivierte Politik- und Ideengeschichte, aber eigentlich nichts Neues. Er las unentwegt über Bismarck: Bismarcks Sozialpolitik, Bismarck und der Osten usw., also das, was er sich in den 20er Jahren ausgedacht hatte. Conze ging 1958 nach Heidelberg – das war die Zeit, als er die später bekannten Aufsätze geschrieben hat –, und er zog auch bestimmte Leute dadurch an.

In dieser Polemik, die in der Tat hinter solchen Vorstellungen wie ‹Historische Sozialwissenschaft› steht, steckte eben auch die Enttäuschung, daß es als Reaktion auf 1945, wie Ernst Schulin einmal gesagt hat, einen moralisch geläuterten Historismus gegeben hatte, aber kein methodisches Umdenken. Es gab einen berühmten Aufsatz von Gerhard Ritter, als er Vorsitzender des Historikerverbandes war: Geschichtsschreibung heute sei ohne Kenntnis der ökonomischen und soziologischen Grundbegriffe nicht mehr zu schreiben. Man kann nur sagen: In den folgenden 20 Jahren, die Ritter noch gehabt hat, war von ihm davon dann nicht einmal in einem Halbsatz die Rede. Da war eine Riesenkluft zwischen Anspruch und Wirklichkeit. Dann kamen die Aufsätze von Schieder über Struktur und Persönlichkeit und über die Probleme vergleichender Geschichtsschreibung. Das war das, was er gelernt hatte aus seiner intensiven Lektüre von Weber und Hintze und vor allem des verehrten Jacob Burckhardt. Das waren auch, wie man im Rückblick noch sieht, eigentlich die interessantesten Aufsatztexte der späten 50er, frühen 60er Jahre. Aber sonst? Wenn man sich etwa die Art anschaute, wie ein Rassow Friedrich den Großen mit dem Unterton der Verklärung behandelte oder wie die Mediävisten die Reihe der deutschen Kaiser und der Klosterreformen durchgingen – da gab es eigentlich nirgendwo Aufgeschlossenheit gegenüber neuen Entwicklungen. Weil Conze damals einen Text schrieb über die Strukturgeschichte des technischen und industriellen Zeitalters, tauchte dann später die Legende auf, daß er alles von Braudel übernommen hätte – er hatte aber keine Ahnung von Braudel, er hatte auch im Grunde keine Ahnung von Weber. Das mußte man Schieder lassen, der kannte sich da aus; er rezensierte auch regelmäßig, z. B. den Neudruck von «Wirtschaft und Gesellschaft». Conze interessierte sich dafür nur am Rande. Und Braudel griffen sie überhaupt nicht auf. Ich entsinne mich noch, daß einer der ersten Studenten, die bei mir Examen gemacht haben, seine Magisterarbeit über die *Annales* geschrieben hat. Die habe ich Braudel geschickt. Er schickte mir eine ganz rührende Postkarte in seiner kalligraphischen Schrift zurück; er freue sich sehr, das sei das erste Mal, daß ein jüngerer deutscher Historiker sich mit dem beschäftige, was er in den vergangenen zehn Jahren mit aller Intensität angekurbelt habe. Ich glaube auch nicht, daß Kosellecks Überlegungen zur Zeittheorie irgendwie von Braudels Dreierschema beeinflußt worden sind. Dabei hat mich das Braudelsche Konzept in der Praxis immer sehr überzeugt: die Unterscheidung von *longue durée*, kurzlebigeren sozialen etc. Prozessen und schließlich der hektischen Ereignisgeschichte. Insgesamt war die Situation in der deutschen Geschichtswissenschaft in den 50er Jahren wenig erheiternd. Das ist eine durchgängige Erfahrung. Wolfgang Mommsen formulierte das als Professorensohn viel vorsichtiger. Aber wenn ich später mit Kocka und anderen sprach, dann waren wir uns im Grund einig in unserer Enttäuschung darüber, welche methodischen Konsequenzen in den 50er und frühen 60er Jahren gezogen worden waren.

Und Hans Rosenberg?

Rosenberg hat, das haben ja nun alle Teilnehmer des Berliner FU-Seminars, also Bracher, Ritter, Büsch, Ziebura, Zunkel, Gerhard Schulz, bestätigt, durch sein ungeheures intellektuelles Temperament alle sehr beeinflußt, weil er so ganz anders war als die deutschen Professoren, die wir kannten. Bis von Rosenberg eine Wirkung ausging, dauerte es aber. Bracher wurde erst Ende der 50er Jahre nach Bonn berufen. Die Hauptwirkung ist dann fraglos über Gerhard A. Ritter gelaufen, der war auch ein Lieblingsstudent in den beiden Berliner Seminaren. Ich habe das einmal zu quantifizieren versucht: alle bekannteren Sozialhistoriker sind durch die Schule von Gerhard A. Ritter gelaufen.

Sie beschreiben die Unzufriedenheit mit der damaligen Gegenwart. Wo und wie entstand ein Programm einer Geschichtswissenschaft «jenseits des Historismus»?

Für mich lag das relativ nahe nach den eigenen Erfahrungen, daß man durch die Hinzunahme des weiten Bereichs von Wirtschaft und Gesellschaft Dimensionen gewann, welche die Großen der Vergangenheit nicht hatten. Aber auf unterschiedliche Weise kamen eben, wenn auch vorsichtig, Rürup oder Wolfgang Mommsen zu ähnlichen methodischen Konsequenzen. Dann kam der nächste Schub, also Kocka, Kaelble, Puhle, die sich alle bei Gerhard Ritter und Wolfram Fischer kennengelernt hatten – dort war Rudolf Braun, der dann in Zürich landete, so eine Art Instrukteur dieser Gruppe und tagte mit ihr jede Woche zweimal ganz intensiv. Für sie war das aufgrund des Einflusses von Ritter und der frühen Anbindung auch an Überlegungen von Rosenberg schon eher wieder selbstverständlich, wobei man sehen muß, daß von ihnen eigentlich Kaelble der einzige Sozialhistoriker pur war mit seiner Mobilitätsforschung, ehe er zur europäischen Geschichte überschwenkte. Kocka und Puhle haben ja – wie Ritter selbst – auch eine Venia für Politikwissenschaft. Was Puhle mit den Agrarverbänden machte oder Kocka mit den Angestellten, das hatte auch klare Berührungspunkte mit der Politikwissenschaft.

Worauf beruhte der doch relativ schnelle Erfolg des neuen historischen Programms?

Zunächst war ganz ungewiß, ob so ein Plädoyer, das man in Aufsätzen ausbreitete, verfangen würde. Es gab aber eine Begünstigung. Dieter Wellershoff, damals Lektor im Verlag Kiepenheuer & Witsch, der in diesen Tagen 80 wird, hatte mit uns in Bonn studiert und gehörte zu der Clique von Habermas und Günter Rohrbach, dem Filmproduzenten, der «Das Boot» gemacht hat. Als ich in Köln war, aber Anschluß an diese Gruppe gefunden hatte, kam er ca. 1964 auf mich zu und sagte: ‹In Amerika sind die Reader so erfolgreich, so etwas müßten wir in Deutschland auch machen. Wir wollen eine Reihe machen: Habermas übernimmt die Soziologie, Gäfgen die Ökonomie usw. Wie wäre es denn, wenn Sie die Geschichte machten?› Da habe ich gesagt, daß ich das noch nicht könne und noch nicht mit meiner Habilitationsschrift fertig sei. Ich könne ihm aber drei Leute vorschlagen, die alle sehr gut seien: Koselleck, Vierhaus und Nipperdey. Die seien in der Altersgruppe über mir, bis zu zehn Jahre älter, aber das seien eigentlich in meinen Augen die kommenden Stars. Da gab es Kosellecks Preußenbuch noch nicht; Vierhaus' Habil. ist nie erschienen, und Nipperdey galt als erfolgreich zum Historiker mutierter Philosoph. Alle sagten zu meiner völligen Verblüffung ab. Ich habe sie später alle einmal gefragt, ob sie denn die Chance nicht gesehen hätten. Nein, sagte Nipperdey, ihm sei das zuviel Arbeit gewesen. Und Koselleck sagte, ihm liege so etwas nicht. Wellershoff kam dann wieder zu mir, und ich sagte ihm zu. Der Verleger Witsch war ein Mann, der großzügig kalkulierte und sagte, ich solle einfach mal machen. Darauf habe ich in relativ kurzer Zeit über 40 Bände angekurbelt und habe mir selber herausgegriffen: Geschichte und Soziologie, Sozialgeschichte, Geschichte und Ökonomie, Imperialismus. Man konnte dann schnell an der Reaktion feststellen, daß die Bücher überraschend gut gingen. Sie hatten eine Startauflage von 8000, dann nochmal 5000. Das war für damalige Verhältnisse sehr viel. Die Leute an den Universitäten warteten schon auf die gelben Bände. Ich konnte den Erfolg anhand meiner Kontoauszüge nachvollziehen. Ich bekam auch viel Post von Doktoranden und Assistenten, die schrieben, es sei gut, daß in dieser Richtung argumentiert würde. Es gab ein bestimmtes *feedback*, es war nicht eine Diskussion im luftleeren Raum. Auf der anderen Seite bin ich schon damals kaum auf Tagungen gefahren, nur wenn etwas besonders Interessantes zur Debatte stand. Da habe ich das nicht so mitbekommen, eher aus den Verkaufszahlen und der Korrespondenz.

Das klingt, als ob diese Kiepenheuersche «Neue Wissenschaftliche Bibliothek» die eigentliche Geburtsstunde der Historischen Sozialwissenschaft gewesen sei.

Die gelbe Reihe fing 1965/66 an und lief bis 1980. Das war die Entstehungsphase. Ich hatte die Sachen im Kopf und hatte auch die Beiträge gelesen, die dann in die Bände hineinkamen. Man muß für seine Überzeugung kämpfen, und das bedeutet in unserem Gewerbe auch: Man muß irgendwie Zugang zu den Medien finden.

Gibt es einen Moment, wo man sagen könnte, daß man merkte, daß man ein ‹wir›, daß man eine Gruppe ist und das explizit auch nach außen vertrat? Gibt es in diesem Sinne den klassischen Augenblick des sich Bewußtwerdens?

Ich selber hatte bei der Arbeit an meiner Habil. über «Bismarck und den Imperialismus» den Eindruck, man könne mit einer Verbindung von Konjunkturforschung und anderen Ansätzen versuchen, diesen Weg einzuschlagen. Damals habe ich auch eine intensive Korrespondenz mit Hans Rosenberg geführt. Während diese Arbeit entstand, die 1967 fertig war, dachte ich, man müßte außer dieser gelben Reihe, die damals noch vorzüglich lief, ehe die Vervielfältigungsgeräte ihr dann in den späten 70er Jahren den Garaus gemacht haben, eine eigene Zeitschrift haben. Dann habe ich angefangen herumzuschreiben und hatte sehr schnell die richtigen Leute zusammen. Ich hatte Jürgen Kocka auf dem Freiburger Historikertag kennengelernt und noch versucht, ihm die Angestellten auszureden; er sollte lieber über den Imperialismus in China arbeiten. Ich sagte ihm, da könne er verfolgen, wie die Amerikaner einrückten und die Russen von Sibirien und die Engländer vom Jangtse hoch – das war gewissermaßen internationaler Imperialismus im Modellfall. Das reizte ihn schon, aber dann wollte er eben doch lieber die deutsche und die amerikanische Angestelltenschaft vergleichen. Nachdem ich die Mitstreiter zusammenhatte, habe ich versucht, einen Verlag zu finden. Der alte Witsch, der mir sehr gewogen war, war gerade gestorben. Dann habe ich mit dem Droste Verlag verhandelt. Der lud von sich aus noch Klaus Hildebrand ein. Er kam mit einem anderen Programm: einer deutsche Variante von *World Politics*, dieser amerikanischen Zeitschrift. Er wollte sein Projekt ebenfalls ‹Weltpolitik› nennen, es sollte internationale Beziehungen auf der obersten Ebene zum Thema haben. Ich habe das dann dezidiert abgelehnt und die Auffassung vertreten, die ganze Sache müsse eine ganz andere Stoßrichtung haben, hin auf Sozial- und Wirtschaftsgeschichte und moderne Zeitgeschichte usw. Dann kriegten wir alle relativ schnell hintereinander einen Ruf und mußten uns an den neuen Wirkungsstätten einrichten. Sobald das vorbei war, 1971 auf 1972, habe ich dann überlegt, wer in das Herausgebergremium sollte. Das war Lepenies für Soziologie, Klaus von Beyme für Politikwissenschaft usw. Dann war von Anfang an klar: Kocka sollte mitmachen, Wolfgang Mommsen sollte dabeisein. Schließlich war es so eine Clique von ca. zehn, die auch alle bereit waren. Dann gab es eine gewisse Vorbereitungszeit. Winfried Hellmann, damals neuer Lektor bei Vandenhoeck, zog mit, weil er mit dem Beginn seiner Tätigkeit ein bißchen frischen Wind hineinbringen wollte. In der Gruppe war es nicht umstritten, daß wir programmatisch eine methodische Neuorientierung fordern wollten.

Heißt das, der programmatische Aufbruch erfolgte nach der beruflichen Etablierung?

Fast alle hatten bereits Stellen, als es richtig los ging. Mommsen hatte Düsseldorf, Berding war nach Gießen gegangen, ich war in Berlin und dann in Bielefeld gelandet, Beyme hatte Tübingen, Jeck hatte Kiel bekommen, Lepenies saß auf einer C 3-Stelle fest in Berlin, weil ihm die Soziologen nicht verziehen, daß er an französischer Sozialwissenschaft interessiert war und nicht an der amerikanischen. Aber alle anderen hatten ihre C 4-Stellen sicher. Das war eben die außergewöhnliche Gunst der Expansionsphase, in der es nicht lange dauerte, bis man nach der Habil. den Ruf bekam. Ich weiß auch nicht, ob es nicht die Karriere erschwert hätte, wenn wir mit «Geschichte und Gesellschaft» schon früher angefangen hätten. Die meisten von uns hatten damals noch nicht die Luft, Entwürfe zu schreiben, ein Netzwerk zu knüpfen und zeitaufwendig immer mal wieder 10 bis 12 Leuten zu schreiben. In dem Augenblick, als die Luft da war und auch die institutionelle Unterstützung, da lief das. Im Grunde genommen war es dann in einem Jahr zu machen, nachdem Kocka und ich in Bielefeld gelandet waren.

Hatte diese Gruppe damals den Eindruck, die Geschichtswissenschaft zu revolutionieren?

Nein, aber sie hatte den Eindruck, es müßte endlich etwas Überfälliges nachvollzogen werden. Nun waren eigentlich alle – nur Mommsen damals noch nicht – in Amerika gewesen. Richard Tilly war ohnehin gebürtiger Amerikaner – das einzige Beispiel für den umgekehrten *brain drain*. Alle waren drüben gewesen, alle hatten durch Lektüre verfolgt, was sich in Frankreich tat, und alle waren irgendwie Verehrer von dem, was Thompson, Hobsbawm und Hilton in England erreicht hatten. In Deutschland glaubten die meisten etablierten Historiker mit einem ungeheuren Selbstbewußtsein – das sah man, wenn man damals auf den Historikertagen war – immer noch, sie seien die Speerspitze der internationalen Geschichtswissenschaft, weil das seit Ranke so gewesen sei. Das Gefühl des Revolutionären war aber bei uns nicht da. Nach meiner Erinnerung war es so, daß man jetzt endlich etwas Überfälliges konzentriert in Angriff nehmen wollte. Und dann dachten wir alle sehr optimistisch und selbstbewußt in den Kategorien des offenen Wettbewerbs und wollten mal sehen, wie die anderen darauf reagierten. Damals war ich auf dem Freiburger Historikertag und bekam zufälligerweise mit, wie jemand zu Herzfeld sagte: ‹Sind diese jungen Leute denn alles Kommunisten?› Darauf Herzfeld, der mich kannte von den Kehr-Aufsätzen: ‹Wie kommen Sie denn darauf?› – ‹Ja, wenn Sie so Leute wie den Wehler und den Kocka hören, die sprechen immer von sozialökonomisch. Das ist doch eine Sprache, die nur die Kommunisten haben.› Da gab es noch traditionelle Blähungen und Hemmungen, die kann man sich heute kaum mehr vorstellen.

Die meisten Älteren konnten sich auch nicht vorstellen, daß man das alles relativ selbständig machte. Schieder zum Beispiel hatte ich überhaupt nicht erzählt, daß ich die Neue Wissenschaftliche Bibliothek bei Kiepenheuer machte. Dann erreichten ihn aber empörte Briefe von Kollegen, warum sie nicht als Autoren berücksichtigt worden seien. Schieder kam dann zu mir ins Assistentenzimmer und sagte mit dem Ausdruck einer komischen Verzweiflung: ‹Sie können mir doch wenigstens einmal sagen, wer die Bände macht. Ich kriege diese empörten

Briefe von Kollegen, die ich seit langem kenne. Die tun alle so, als ob das meine Reihe sei, und die ist es ja nicht, wie Sie sehr genau wissen.› – Nein, sagte ich, das sei ein Projekt, was wir selbständig betrieben. Das waren noch ganz hierarchische Vorstellungen. Revolutionär zu sein, das war nicht die Vorstellung. Im Grunde genommen hatten wir das Gefühl, endlich den Anschluß an die Gruppen in den westlichen Ländern zu finden, die uns imponierten.

Gab es das Gefühl, damit etwas anderes zu machen als Schieder?

Keiner von uns hat eigentlich das gemacht, was Schieder konnte. Schieder machte eine sehr vielseitige Politikgeschichte – wenn man sein «Handbuch der europäischen Geschichte» sieht, erkennt man das; und er konnte, das war seine Stärke, gute komprimierte Essays zur Ideengeschichte schreiben, z. B. über Machiavelli und Schiller, über Jacob Burckhardt usw. Das hat eigentlich keiner von uns gemacht. Wer am dichtesten dran war, war Helmut Berding, der ja gelernter Banker war und dann in Paris das Geldverdienen satt hatte und über die Ebert-Stiftung und das Braunschweig-Kolleg das Abitur nachgemacht hatte. Er kam von Göttingen nach Köln und ließ sich von Schieder überreden, über den Gewaltbegriff bei Sorel zu arbeiten, weil Schieder der Meinung war, er hätte viel mehr auf Mussolini und Lenin eingewirkt, als man sich das gemeinhin vorstellte. Berding war eigentlich der einzige, der eine Arbeit machte, die man nicht von der Figur her, aber von der Thematik und Problemlage her mit Schieder in Verbindung bringen konnte. Wolfgang Mommsen ließ Schieder völlig selbständig arbeiten. Wenn man einen vernünftigen Vorschlag hatte, war er ohnehin froh, daß er den Studenten nicht Themen servieren mußte. Bei mir gab es diesen Berührungspunkt mit seinen Interessen an Nationalismus und Nationalstaat. Als ich das einmal gemacht hatte, habe ich mir geschworen, in meinem Leben nie wieder zurück zu dieser alten kaiserlichen Sozialdemokratie.

Man hat den Aufstieg der Historischen Sozialwissenschaft damals schnell mit der Kuhnschen Kategorie des Paradigmenwechsels gedeutet ...

... ich weiß noch genau, wie ich Thomas Kuhn in Amerika kennengelernt hatte; ich wartete förmlich darauf, daß von ihm schriftlich das kam, was er in den Gesprächen entwickelt hatte. Das habe ich damals verschlungen. Gleich, wie man das heute kritisieren kann, in der damaligen Situation konnte ich mir sofort einen Vers darauf machen: auf Turner und die Frontier-These in Amerika, dann auf den Einfluß der Rankeschen Geschichtsschreibung auf Deutschland usw. Wir haben das für uns auch immer einigermaßen selbstbewußt selber in Anspruch genommen, es müsse endlich ein Paradigmenwechsel stattfinden.

Ist die Historische Sozialwissenschaft denn überhaupt ein Paradigma im Sinne Kuhns?

Nein, das ist eine methodische Forderung. Man könnte sagen, bestimmte Arbeiten erfüllen die Ansprüche, die man damals damit verband, paradigmatisch. Z.B. finde ich noch immer den Essay von Jürgen Kocka über die «Klassengesellschaft im Krieg» bemerkenswert, den er in einer abenteuerlich kurzen Zeit von wenigen Wochen heruntergeschrieben hat, weil Tilly ihn eingeladen hatte, darüber einen Vortrag zuhalten. Das war so eine Verbindung von Weberschen idealtypischen Argumenten und einem etwas modifizierten Marx. Aber von einem

Paradigma zu sprechen, wie für die Generation von Meinecke noch die Geschichte des Staatensystems paradigmatische Bedeutung hatte oder wie für ganze Generationen von amerikanischen Historikern die Westexpansion ein verbindliches Paradigma gewesen war, das fiele mir schwer. Puhle sagte dann, er passe genau mit seiner Dissertation über den Bund der Landwirte hinein. Das stimmte auch. Das war doch eine sehr solide sozialgeschichtliche, wirtschaftsgeschichtliche, auch politikgeschichtliche Interpretation. Er hatte in einem Höllentempo bei Ernst Fraenkel gearbeitet und war noch nicht mal 24, als er das Buch fertig hatte. Aber auch das war nicht darauf angelegt, um daraus etwa eine Paradigmaanalyse der Agrarier-Welle in der Neuzeit ableiten zu können. Nein, das Ganze war eher ein Plädoyer für bestimmte methodische Ansätze und für bestimmte Theoriespender wie Max Weber. Aber es gab eigentlich kein einigermaßen hart formuliertes paradigmatisches Modell. Dafür waren die Leute auch zu unterschiedlich. Nach meiner Erinnerung gab es auch keinen unter uns, der das als Postulat vertreten hat.

Gibt es nicht einen konzeptionellen Kern: den Begriff Gesellschaft als Gegenbegriff zu Staat?

Das stimmt, aber er ist doch sehr amorph. In der Debatte seit dem Frankfurter Historikertag von 1998 habe ich gemerkt, wie die Generation nach dem Ersten Weltkrieg in den 20er Jahren zu dem Ergebnis kam, der Staat zerbrösele, die Kontinuität garantiere nur das Volk. Für meine Generation und auch die vorher und die danach war zunächst ganz klar, daß nach der Zertrümmerung des ‹Dritten Reiches› die Frage sei, welche Gesellschaft dieses System hervorgebracht hätte und was aus ihr nach 1945 würde. Aber Gesellschaft ist doch ein ganz amorpher, weiter Begriff. Ihm fehlen Spezifika.

Der Begriff Gesellschaft diente einerseits der historiographischen Traditionskritik, andererseits wurde in vielen programmatischen Texten die politische Funktion des Bezugs auf Gesellschaft betont – in Kockas «Sozialgeschichte», in Mommsens «Jenseits des Historismus», in Ihrer «Historischen Sozialwissenschaft». Hat ‹Gesellschaft› deshalb integrierend gewirkt, weil es auch einen politischen Anspruch zum Ausdruck brachte?

Auf der einen Seite wurde das betont, was wir damals Relevanz nannten: Die Geschichte müsse eine politische Relevanz haben und das, was man schrieb, könne nicht so ein Glasperlenspiel sein, wie man das oft erlebte bei Mediävisten, wenn sie noch ein Konvolut über ein Kloster gefunden hatten und daraus dann eben eine Dissertation wurde. Das andere war aber: Es gibt von all diesen Leuten, die damals mitgemacht haben und denen, die dann dazustießen, keinen Versuch, wie bei manchen *Annales*-Historikern und bei vielen Amerikanern, die Politik herauszudefinieren. Das waren alles Generationen, denen der *impact* der Politik auf die deutsche Geschichte so selbstverständlich war, daß wir das alle für außerordentlich naiv hielten zu versuchen, eine neue Strömung *with the politics left out* zu machen. Es hat sich ja auch herausgestellt, daß es in der amerikanischen und französischen Strömung auf lange Sicht nicht ging. Das war aber nicht eine Kompromißbrücke zu der überwiegend an Politikgeschichte interessierten Zunft, das war uns eher gleichgültig. Sondern es war die Vorstellung, es fehle Entscheidendes, wenn man diese Dimension nicht von vornherein mit einbeziehe. In dieser Frage konnten wir uns auch immer schnell mit Koselleck oder Vierhaus, den fast zehn Jahre Älteren, verständigen.

Auffällig ist, daß in allen programmatischen Texten die politische Funktion dieser Art von Geschichtswissenschaft betont wird.

Das meinte ich mit Relevanz. Die haben wir damals zu Tode traktiert. Dabei wurde einem relativ schnell klar, daß man gar nicht wußte, was morgen relevant sein werde. Es stellten sich ja erstaunliche Veränderungen ein. Auf einmal gewannen Probleme und Perspektiven eine Relevanz, die man vorher gar nicht gesehen hatte. Man wußte gar nicht, für welchen mehr oder minder breiten Zeitraum man Relevanz beanspruchen konnte. Wenn ich einmal irgend etwas nachschauen muß in meinen eigenen Sachen, weil mich jemand nach einem Zitat fragt, dann bin ich immer erstaunt, mit welcher Selbstsicherheit wir da etwas vertreten haben. Nipperdey, der ein skeptischer Geist war, hat das ja zuerst auch mitgemacht. Als er an die FU in Berlin ging und Reinhard Rürup und Karin Hausen als Assistenten mitnahm, sagte er, als wir uns verabschiedeten – er war damals in Karlsruhe und ich hatte ihn besucht, weil er einen Band für die gelbe Reihe machen sollte: ‹Jetzt werde ich der FU mal zeigen, was ein Sozialdemokrat an Reformen durchsetzen kann.› Dann war es eben sein Pech, daß die '68er mit Eiern warfen, da war der Impetus weg. Nipperdey hat aber dann sehr früh gesehen: Wir müssen vorsichtig sein mit dem Relevanzbegriff, die Zukunft ist immer so schnell erreicht, und wir wissen nicht, was dann noch relevant sein wird. Der Begriff ist dann ja auch abgesackt.

Noch einmal zu den Eigenarten der deutschen Sozialgeschichte, der Historischen Sozialwissenschaft. Das eine ist die sehr starke Fixierung auf Politik. Das zweite scheint uns – etwa im Vergleich mit den Annales – eine Prävalenz der Prozesse und nicht der Strukturen zu sein. Die Strukturen der longue durée inter-

essierten ja eigentlich weniger. Viel interessanter schienen damals die Wandlungsprozesse im Kontext der Industrialisierung. Warum?

Wenn ich das richtig sehe, war die entscheidende Denkfigur: Es gibt bestimmte Strukturen, in der glücklichen Formulierung von Kirchheimer: restriktive Bedingungen, die schaffen Rahmenbedingungen. Aber das, was die Historiker fasziniert, ist die Veränderung in der Zeit, der historische Prozeß. Dadurch treten die Strukturen bei allen von uns etwa im Vergleich mit Braudel, Vilar und all' den Franzosen, die das viel ausführlicher gemacht haben, relativ zurück und das genuine Interesse gilt den Prozessen, die dann allerdings von bestimmten strukturellen Bedingungen beeinflußt und determiniert werden. Aber was die Gewichtung angeht, das sehe ich ganz genauso, liegt das Schwergewicht auf den Prozessen.

Ist das ein Erbe der historistischen Tradition in Deutschland – indem die Denkfigur der Entwicklung von Individuen auf Kollektivgebilde übertragen wurde?

Das kann schon sein. Wenn man einmal genauer hinsieht, findet man bei vielen von uns den Appell, man könnte nicht den Historismus aufgeben, das sei naiv. Die Errungenschaften, die er im forschenden Verstehen erreicht hat, wie Droysen das nennt, oder die Webersche Hermeneutik sollten nicht preisgegeben werden. Es gab ja damals Forderungen, man solle das alles einer systematischen Sozialwissenschaft unterordnen. Eine Kölner Gruppe – da gab es in meiner Kölner Zeit eine Gruppe im Seminar: um Heinrich Best und Reinhard Mann, die dann die Zeitschrift «Historische Sozialforschung» gemacht haben – glaubte, man müsse das letztlich alles systematischen Fragestellungen der Sozialwissenschaften unterordnen.

Dafür war keiner von uns zu gewinnen, auch Mommsen oder Kocka oder Berding oder Tilly nicht. Als Anregung ja, als Interpretationshilfe und zur Strukturierung der Probleme und der Gegenstände. Aber letztlich waren wir alle bereit, die Errungenschaften des Historismus gegen Kritik zu verteidigen. Ihn kennzeichnete ja ein hohes Reflexionsniveau, wenn man sich von der etwas naiven Vorstellung löst, daß die Historisten letztlich nur Biographien geschrieben hätten. Da konnte ich immer nur sagen: Lesen Sie mal Hintze über Feudalismus oder über den Landrat, dann sehen Sie, wie man auch eine Institution aus ihren historischen Bedingungen verstehen kann. Insofern bezog sich die vehemente Kritik am Historismus im Grunde genommen auf eine Spätform Meineckes und seiner Schule. Meinecke hatte in der Tat fast alle auf Biographien hingelenkt, weil er dachte, das sei schön machbar, weil man da andere Menschen verstehen könne. Im Grunde enthielt unser Angriff auf diese Spielart aber ein ungerechtes Urteil über das, was der Historismus zu leisten im Stande war. Die Kritik ist dann später von Oexle auch zu Recht sehr pointiert als Verteidigung des Historismus vorgetragen worden.

Sind nicht die deutschen Eigenarten der Historischen Sozialwissenschaft in weiten Teilen aus der Fixierung auf die Erklärung von 1933–1945 zu begreifen? Durch die Frage ‹Wie ist das möglich gewesen?› läßt sich auf jeden Fall die Politikorientierung erklären. Alles, was man ökonomisch oder sozial untersucht, findet sich ja mehr oder minder darauf ausgerichtet. Außerdem ließe sich auf diese Weise auch erklären, warum es im internationalen Vergleich – jedenfalls trifft das für die 1960er/70er Jahre zu – eine ebenso einzigartige Fixierung auf das ‹lange 19. Jahrhundert› als Vorgeschichte des Nationalsozialismus gab.

Im Vergleich ist das sicher so. Was die lebensgeschichtlichen Erfahrungen angeht, war das so: Eines der besten Bücher nach 1945 ist Brachers «Auflösung der Weimarer Republik». Die Bitterkeit, mit der die Zunft über Bracher herfiel, war schon ein erstaunliches Phänomen. Das habe ich Schieder damals hoch angerechnet, daß er gesagt hatte: Es ist egal, was Werner Conze – er hatte ihn verrissen – über ihn schreibt, wir müssen Bracher nach Köln holen. Jeder wußte, daß hinter Bessons bitterer Kritik Rothfels stand, denn Besson war der Liebling von Rothfels. Den meisten von uns hat Bracher ungeheuer imponiert durch diesen Versuch, systematische Überlegungen über Machtvakuum und Machtfaktoren zu verbinden mit einer Ereignisgeschichte. Auf der Gegenseite war das der Versuch – bei Conze war das ganz deutlich mit seiner Brüning-Verteidigung –, den Nationalsozialismus letztlich nur aus bestimmten Verfallsphänomenen am Ende der Weimarer Republik zu erklären, während Bracher diese lange Perspektive hatte. Daß dann so viele von uns gesagt haben: Wir müssen im Krebsgang zurück, das geht nicht nur mit der Konzentration auf Weimar – das hing sicher aber auch damit zusammen, daß Schieder sich im 19. Jahrhundert am wohlsten fühlte. Das sind subtile Einflüsse, die werden einem erst später bewußt. Aber das war das vertraute Gelände, in dem er sich bewegte und was dann Mommsen und Berding und alle anderen dazu bewog, da auch einzusteigen.

Es ist ein klassisches historistisches Verfahren, aus früheren Entwicklungen spätere zu erklären ...

Sicher ist es das. Es spricht ja manches dafür, daß die Entwicklungsgeschichte hin auf den Einbruch, der dann den Nazis gelungen ist, aufgearbeitet werden mußte. Heute würde ich viel stärker die dramatischen Veränderungen durch den Ersten

Weltkrieg betonen. Die Folgen des Weltkriegs standen damals aber sowieso im Mittelpunkt. Das hing einem zum Hals heraus. Es war auch ein unübersehbar apologetisches Moment darin: Es gibt nur eine kurze Zeit, wo das Böse siegt, vorher lief eigentlich im Grunde genommen alles wie sonst bei den Mitgliedern des Staatensystems; dann: Pech gehabt – Krieg verloren – braune Scheiße, jetzt geht es weiter. Das schien den meisten von uns außerordentlich kurzatmig zu sein. Was den ersten Teil der Frage angeht: Es ist gar keine Frage, daß es ein ganz wesentliches Moment in unserer Generation war, daß man 1933 mit langem Atem besser erklären und dabei umfassender herangehen wollte als nur mit dem Institutionenzerfall, Parteienhader und Aufstieg des Nationalsozialismus rechts und der KPD links und all' diesen Floskeln, die damals gängig waren. Das war auch ein ausgesprochener oder unausgesprochener Konsens. Im Vergleich fehlte das natürlich den Amerikanern völlig. Da lief die Kontinuität der glorreichen Geschichte von Jefferson bis Roosevelt. Das war auch nicht das Problem von Eric Hobsbawm oder Rodney Hilton und Perry Anderson. Diesen Einschnitt gab es bei ihnen nicht. Und es war auch nicht der Einschnitt, der die Franzosen beschäftigte. Wenn Bloch überlebt hätte, hätte er den Leuten vielleicht beigebracht, was das bedeutete, die Niederlage '40, und welchen Problemen man sich dann hinsichtlich der Kooperation mit den Deutschen in Vichy hätte stellen müssen. So wurde das ausgeblendet. Das ist in gewisser Hinsicht ein Unikat, diese deutsche Fixierung. Aber methodisch war das ja noch amorph. Ein interessantes Phänomen war – mir schien das immer interessant zu sein –, daß es eigentlich unter den deutschen Historikern 1968 keinen Marxisten gab. Die einzige Ausnahme war vielleicht Heinz-Gerhard Haupt. Er war damals studentische Hilfskraft bei Rürup an der FU. Dann zog er nach Bremen. Bremen schien das El Dorado der wenigen Linken zu sein. Haupt lud mich damals ein. Ich bin hingefahren, habe da über Imperialismus gesprochen, die marxistischen Vorstellungen von Rosa Luxemburg bis Lenin scharf kritisiert. Da hat er sich kräftig ins Zeug gelegt: Ich verträte eine völlig ‹entbeinte› Vorstellung, man müsse am Primat der Ökonomie festhalten. Aber wenn er selber schrieb, dann war er viel vorsichtiger. Die Diss. bei Ziebura über den französischen Nationalismus nach 1830 enthielt nur ein paar dogmatische Formulierungen. Und je älter er wurde, desto mehr löste er sich ironisch von dieser Frühphase.

Gab es eine ‹Bielefelder Schule›?

Das ist ja keine Erfindung der Bielefelder, sondern von amerikanischen Historikern, mit denen wir überwiegend befreundet waren, die die deutsche Zunft gut kannten und auf einmal sagten: Ihr macht das doch anders als die Hamburger. Fischer hatte ja nur den Impuls mit der Kriegszieldiskussion gegeben. Sein zweites Problem, die Kontinuität der Eliten bis 1945, haben andere zunächst kaum aufgegriffen. Seine Schüler haben zum Teil ganz andere Sachen gemacht oder sie drifteten weg wie Geiss und Böhme. Man konnte nur für eine begrenzte Zeit in den 60er Jahren von einer Fischer-Schule sprechen, als alle, die da hingingen, über den Ersten Weltkrieg eine Dissertation schrieben. Ich weiß noch, wie verblüfft und ironisch Kocka und ich reagiert haben, als das losging mit ‹The Bielefelders›. Dann wurde das aufgegriffen von den jüngeren Engländern, von Geoff Eley, David Blackbourn, Ian Kershaw. David Blackbourn sagte einmal: ‹Ein Glück, daß Ihr diese Meinung vertreten habt, sonst hätten wir Euch erfinden müssen, um uns richtig daran reiben zu können.› Auf einmal war der Ausdruck etabliert, hier hat ihn eigentlich keiner gebraucht. Koselleck hat immer betont, er gehöre nicht dazu, noch in jüngsten Äußerungen war er dieser Meinung. Er habe ganz andere Interessen verfolgt und sich auch nicht als Schulhaupt verstanden. Als Schulhäupter verstanden wir uns aber auch nicht. Bei jedem Blick aus der Nähe sah man die große Heterogenität. Puhle verfolgte seine lateinamerikanischen Interessen unter ganz anderen Gesichtspunkten als Kleßmann seine Zeitgeschichte; die Altertumshistoriker und die Mediävisten paßten da ohnehin nicht so richtig rein, obwohl Klaus Schreiner immer sagte, er wäre ein anderer Mensch als Wissenschaftler geworden, wenn er in Tübingen geblieben und nicht nach Bielefeld gekommen wäre. Dann lief das im Grunde darauf hinaus, daß relativ schnell – die erste Promotion von Müller-Link über Rußland war 1975 – eine Reihe von Jüngeren mit guten Arbeiten kamen, die auch unter konventionellen Leistungskriterien bestehen konnten. Es gab damals die merkwürdigsten Vorstellungen, daß die Leute hier gezwungen würden, ein Thema zu übernehmen. Wir haben ihnen zwar schon gesagt, wir fänden es gut, wenn sie sich hier in Bielefeld Luhmann und die anderen Soziologen anhörten. Aber es hatte doch nie jemand auch nur den Gedanken, das als Vorschrift ins Curriculum zu schreiben. Die ‹Bielefelder Schule› ist ein merkwürdiges Gebilde, aber als zugeschriebener Zustand tat sie ihre Wirkung. Und sie tat vor allem ihre Wirkung in der Zunft. Bei uns war das für Leute wie Hillgruber, der ja ein sehr gescheiter Mann war und alles andere als ein Apologet, außerordentlich bedrohlich, weil er klug genug war zu sehen, daß sich da einiges tat. Aber es waren nicht seine Interessen, die da verfolgt wurden. Die Auseinandersetzungen in der Zunft waren ja manchmal sehr wütend, das kann ich nicht anders sagen. Aber nach innen gab es nicht das Gefühl der Schulbildung, es gab eher das Gefühl, man müsse jetzt die Gunst der Stunde ausnutzen und versuchen, die Medien zu erreichen. Da war erst die Zeitschrift, dann haben wir ein halbes Jahr später mit den «Kritischen Studien zur Geschichtswissenschaft» bei Vandenhoeck & Ruprecht angefangen, weil ich sagte, daß die Leute, die bei uns promovierten, sonst keine Chance hätten, in die normalen Wissenschaftsverlage hineinzukommen. Da wäre entweder die Generation von Schieder und Conze mit ihren Skrupeln gekommen oder die Jüngeren, die noch härter reagierten. Wir wollten das selber entscheiden können.

Die ‹Bielefelder Schule› dient ja heute eher als Schreckbild. Davon gibt es zwei Varianten. Das eine ist die Historische Sozialwissenschaft, also Sozialgeschichte. Das ist die ‹Bielefelder Schule› im engeren Sinne. Dann gibt es den eigentlichen Kern des Schreckbildes: die Theorieorientierung. Richard van Dülmen behauptete im Gespräch einmal, ‹die Bielefelder sind doch alle gleich›. Auf die Erwiderung, es gebe Koselleck einerseits und Wehler und Kocka auf der anderen Seite, kam die Antwort: ‹Ja, das ist doch das gleiche, die reden doch alle nur von Theorie.›

1972 war van Dülmen bereit, eine Zeitschrift für Gesellschaftsgeschichte zu gründen. Er fragte mich, ob ich da mitmachen wolle. Ich lehnte ab und sagte ihm, daß wir hier soweit seien, daß wir selber anfangen könnten. Das hat ihn damals sehr getroffen, weil er glaubte, er käme damit aus seiner Münchner C 3-Position heraus. Die Theorieorientierung, die kam ja wirklich aus ganz unterschiedlichen Quellen. Koselleck war in gewisser Hinsicht ein historischer Philosoph. Er redete ja auch mit einem anderen Temperament über Kant oder Hegel als unsereiner. Alle Berliner – Kocka, Kaelble, Puhle – waren bei Gerhard A. Ritter sehr früh auf Weber gekommen, obwohl sich Ritter eigentlich an der Theoriedebatte nie selber beteiligt hatte, aber ein sehr reflektierter und breit interessierter Historiker ist. Bei mir und bei Mommsen, Berding und Schröder hing das damit zusammen, daß Schieder immer predigte, man müsse wissen, woher man komme, und man müsse klar sagen können: Das ist eine Fragestellung von Hintze, die noch nicht erschöpft ist, und man müsse wissen, wohin man gehen wolle. Da gebe es ganz wenige Leute, an denen man sich orientieren könne. Er sagte auch völlig ungeniert im Seminar: ‹Ich akzeptiere völlig, wenn sie sagen, Sie orientieren sich an Marx. Da muß man am Ergebnis sehen, wie weit man damit kommt.› Genauso wie Koselleck das auch immer getan hat. Das schien uns eine Selbstverständlichkeit zu sein. In Schieders Kolloquium, was streng und zügig ablief, spielten theoretische Fragen meistens in der ersten halben Stunde eine Rolle. Was das Image von Schieder anging: Er galt damals als Exot. Sein enger Freund Conze war ganz anders. Conze interessierten Theoriedebatten als solche nicht. Ihn interessierten dann später unter dem Einfluß von Koselleck begriffsgeschichtliche Veränderungen, aber nicht die Theoreme, die dahinter standen. Die ganze theoretische Diskussion wirkte, das konnte man ganz früh feststellen, auf andere Leute außerordentlich irritierend. Ich weiß noch, wie ich neben Knut Borchardt auf dem Freiburger Historikertag 1968 saß, wo es eine berühmte Sektion von Gerhard Oestreich über Sozialgeschichte gab. Es war das erste Mal, daß nach dem Krieg über Sozialgeschichte diskutiert wurde. Ich redete gerade mit Borchardt, da stand hinter mir ein junger Mann auf und sagte: ‹Ich spreche im folgenden aus der Vertrautheit mit den Problemen von Kapitalismus und Bürokratie im Sinne Max Webers. Ich heiße Jürgen Kocka.› Dann hielt er ein fulminantes Plädoyer aus dem hohlen Bauch heraus. Und die Leute haben alle gefragt: Was meint er mit dem Weber, das steht doch nicht in der «Protestantischen Ethik». Es war für viele völlig neu, daß jemand seine Position beschrieb und sagte, aus welcher Ecke er argumentieren werde. Ich habe auch oft den Eindruck gehabt, daß die Leute mysteriöse Vorstellungen davon hatten, was für theoretische Geheimnisse in Bielefeld erörtert wurden. In Wirklichkeit wurde das relativ schnell immer handfest. Ob nun Reif seinen Adel verteidigte oder Mooser die Bauern oder Müller-Link seine Unternehmer – das ging dann schnell in die Richtung: Wie operationalisiert man bestimmte Überlegungen ...? Aber das war im Vergleich mit anderen Universitäten ungewöhnlich, auch mit amerikanischen.

In der Außenwahrnehmung spielte sicher eine Rolle, daß die Bielefelder trotz aller tatsächlichen internen Unterschiede alle Kolloquien machten. Ich hatte sehr gute Erfahrungen mit Schieders Kolloquium. Ich habe als erster hier im Speicher des Siemens-Hauses, unserer ersten provisorischen Unterkunft, ein Kolloquium mit sieben Leuten angefangen. Kocka hatte sehr gute Erfahrungen mit den Kolloquien von Ritter und Fraenkel und sagte sofort, er wolle mitmachen. Dann machte Koselleck das und auch die Mediävisten, die das nicht so kannten. Das waren eigentlich die Veranstaltungen, wo am ehesten intellektuelle Bewegung zustande kam. Bei mir steckte dahinter auch eine gewisse Freude am agonalen Wettbewerb. Man war immer froh, wenn jemand vorne saß, der gut contra gab und seine Position oder sein Thema klug verteidigte, egal, wer das war, ob das auswärtige Gäste waren oder Doktoranden aus unserem ‹Stall›. Das ist vielen Leuten in der Zunft aber wohl kein Hauptziel, einen agonalen Wettbewerb zu genießen, wo sie auch einmal, je nach der Güte ihrer Argumente, baden gehen können.

Eine Frage zum Stil der wissenschaftlichen Debatte. Das Bielefelder Freitagskolloquium galt ja bundesweit als ‹Reißwolf›. Und auch in der schriftlichen Auseinandersetzung wurden häufig die harten Bandagen ausgepackt. Hätte nicht vielleicht ein moderaterer Ton der Gegenseite die Akzeptanz der eigenen Argumente erleichtert?

Das Kolloquium war keine Einführungsveranstaltung für Erstsemester, sondern sollte fortgeschrittene Studenten, die an ihrer Staatsexamens-, Magister-, Doktorarbeit saßen, rechtzeitig mit Kritik an ihrem Projekt bekanntmachen. Dabei haben Jürgen Kocka und ich eine offene Sprache gepflegt (nachdem ich in aller Regel das Referat für die künftige Sitzung vorher gelesen und mit dem Referenten schon einmal besprochen hatte). Zum einen waren wir diese Sprache aus den Kolloquien von Schieder und Ritter gewöhnt. Zum anderen haben wir Max Webers Ratschlag, bei schwierigen Problemen immer vom Grenzfall her zu argumentieren und die Probleme zuzuspitzen, befolgt. Drittens glaubten wir, durch eine flotte Gangart der Diskussion die Teilnehmer schulen zu können, ehe sie an Tagungen teilnahmen oder einen Leistungskurs an der Schule bändigen mußten. Und viertens sind Jürgen Kocka und ich Verehrer des agonalen Prinzips und hatten zudem Spaß an einem schnellen und entschiedenen Austausch der Argumente. Das Ziel blieb natürlich immer, dem Referenten durch eine möglichst umfassende Kritik rechtzeitig weiterzuhelfen. Nach meiner Erinnerung ist das auch in nicht wenigen Fällen geglückt. Und wenn es um die schriftliche Auseinandersetzung ging, haben wir denselben Stil beibehalten, wobei die Gegenseite mit ihrer Antikritik ja auch nicht gerade zimperlich war.

Wie erklären Sie sich den schnellen Erfolg der Bielefelder Art, Geschichtswissenschaft zu betreiben?

Ich erkläre es mir zum Teil ex negativo, dadurch, daß es das, was wir in Bielefeld machten, an anderen Universitäten nicht gab. In meinen Augen waren das ja auch die goldenen Jahre. Ich brauchte Jürgen Kocka in der Fakultätskonferenz oder im Kolloquium nur anzusehen, dann wußte er genau, er sollte jetzt etwas sagen, das hätte ich auch sagen können. Oder er guckte zu mir herüber und ich wußte, jetzt muß ich etwas sagen. Das war schon sehr ungewöhnlich, daß man sich im akademischen Betrieb mit jemandem, den man vorher gar nicht so gut kannte, intuitiv schnell verstand und daß man gemeinsame Interessen entwickelte. Es gab Kritik von Hans Mommsen, daß man nicht von der Bochumer Schule sprach, von Niethammer, daß man nicht von der Niethammer-Schule sprach. So geht das aber nicht; es muß einem schon von der Zunft zugeschrieben werden. Vor uns war das nur in den 60er Jahren bei Fritz Fischer der Fall, weil da die Kriegsschuld- und Kriegszieldebatte die Gemüter bewegte und deshalb die Leute zu ihm gingen. Aber in Wirklichkeit machte Fischer einen völlig konventionellen Betrieb. Als ich den Ruf auf seinen Lehrstuhl hatte, bin ich einmal dorthin gefahren und habe mir sein Kolloquium angeschaut. Da ließ er eine Stunde ein Referat vorlesen, sagte dann: ‹Sie haben die Stelle bei Luigi Albertini noch nicht richtig berücksichtigt› – das war's. Als er dann zu mir sagte: ‹Ich hoffe sehr, daß sie kommen, dann müßten sie aber auch meine Doktoranden übernehmen.› und ich frage: ‹Wie viele haben sie denn?›, antwortete er: ‹Ich habe gerade gezählt, es sind 104.› Da habe ich ihm gesagt: ‹Herr Fischer, das kann doch nicht wahr sein. Wie können sie denn 104 Doktoranden haben, die kann man doch gar nicht betreuen, wie wollen sie denn mit denen sprechen?› Er sah mich an und sagte: ‹Ja, die Vorlektüre machen doch immer die Assistenten (das waren Geiss und Böhme) und im Allgemeinen schließe ich mich den Vornoten an.› Da habe ich ihm gesagt: ‹Das geht nicht. Ich will ihnen das einmal vorrechnen. Bei Ihnen sind die Dissertationen im Schnitt 500 Seiten lang, das mal 100, dann kann ich jetzt drei Jahre nur lesen, von morgens bis abends, um den ersten Anprall ihrer Dissertationen zu bewältigen.› Er dachte, ich machte einen Witz, bis ich ihm sagte, daß ich es ernst meinte. Er hätte da ein Nadelöhr einführen müssen und das nicht im Vorfeld Geiss und Böhme überlassen dürfen. Es zerfiel ja dann auch sofort. Unsere Bielefelder Hoch-Zeit dauerte von ca. 1973 bis 1989. Das ist unter Zunftbedingungen relativ lange. Wobei man sagen muß: Die Außenperspektive suggerierte Homogenität, die sofort zerbröselte, wenn man genauer nach innen blickte.

Wenn man versucht, nach 30 Jahren Bilanz zu ziehen, was sind die Erfolge und was sind die Defizite?

Die meßbaren Erfolge sind die Arbeiten, die in der Zeit unter Bielefelder Auspizien entstanden sind. Das sind in den «Kritischen Studien» im Vergleich mit anderen Universitäts-Reihen relativ viele. Das läuft auch noch weiter in die Bürgertumsdebatte, denn die ist in den guten Zeiten Bielefelds in Gang gekommen. Wenn das zum Teil auch erst in den 90er Jahren abgeschlossen wurde, lebte das doch von dem ursprünglichen Impuls zu prüfen, was es mit dem deutschen Bürgertum auf sich hatte. Dann finde ich die Gesamtwirkung der Reihe beachtlich – jetzt haben wir 170 Bände, das ist die größte deutsche historische Reihe. Die riesig subventionierende Parlamentarismuskommission, die noch 20 Jahre älter ist, hat es auf 130 Bände gebracht. Insgesamt, nimmt man noch die 20 Bände Bürgertum, im wesentlichen Bielefelder Produkte, hinzu, dann ist das ein quantifizierbarer Erfolgsnachweis, auch in der Wirkung. Dann ist da «Geschichte und Gesellschaft» neben der HZ und der «Vierteljahrsschrift für Sozial- und Wirtschaftsgeschichte» auch ganz erquicklich gewesen mit manchen Themen, die aufgegriffen wurden.

Die Nachteile in meinen Augen: erstens, daß es nicht rechtzeitig gelungen ist, das, was sich an Wissen akkumuliert hatte, in Synthesen zusammenzufassen. Kocka wollte einmal eine Sozialgeschichte des 19. Jahrhunderts schreiben. Da hatte ich schon meine Skrupel, was das eigene Projekt anging, denn die Gesellschaftsgeschichte hätte bis Mitte der 80er Jahre vorliegen müssen. Das war die Stunde, in der die Wirkung am größten gewesen wäre. Daß sich das dann noch Jahr für Jahr verzögert hat, das ist, wenn man von der individuellen Arbeitskraft absieht, was die Wirkung der ‹Schule› angeht, ein Nachteil. Es hat auch keiner versucht, einmal wirklich eine moderne Wirtschaftsgeschichte zu schreiben – so ein Band, wie ihn jetzt Abelshauser geschrieben hat über die Wirtschaftsgeschichte seit 1945. Insgesamt hat das vorher keiner von den Wirtschaftshistorikern in Bielefeld anzubieten versucht. Da sind Lücken. Zweitens hat die Privilegierung bestimmter Ansätze – also der Sozialgeschichte des Adels, der Arbeiter, der Unternehmer – natürlich verhindert, daß Impulse, die sich anderswo geltend machten, rechtzeitig aufgegriffen wurden; klassisches Beispiel: Frauengeschichte. Das hätte eigentlich in der Luft gelegen. Claudia Huerkamp, die die klügste von unseren Frauen war, schwenkte dann aber auf Professionalisierungsforschung um. Das beste, was Ute Frevert geschrieben hat, ist das Bändchen über Frauen-Geschichte. Das war für eine junge Historikerin ein schöner Wurf. Von uns fand die Geschlechtergeschichte keiner ungeheuer pressierend. Oder bei der Alltagsgeschichte, da gingen bei uns nur die Alarmglocken an, weil wir dachten, jetzt verzichten die auf jede theoretische Strukturierung und machen nur noch klein-klein. In der ersten Welle war es immer nur das liebe kleine Proletariat, was da in seinen Kietzen eine Rolle spielte. Es war nicht sehr hinreißend, für manche war das aber ein Erweckungsmoment. Sicher haben wir auch eine frühzeitige Auseinandersetzung mit der Kulturgeschichte verpaßt. Da hätte man früher die Defizite diskutieren müssen, die bei uns bestanden, wenn wir Kultur abhandelten, z. B. unter Ideologie. Das hatte Puhle vorzüglich drauf, und auch Kocka in manchen Arbeiten. Aber man hätte die Bedeutung der Weltbilder im Sinne Max Webers anders ernstnehmen müssen. Man hätte es präziser machen und verbinden können mit dem, was wir für die harte Sozialgeschichte hielten, z. B. ökonomische Position, Beruf, Einkommen, Teilhabe an Macht usw. Dadurch entstand eine offene Flanke, die einen dann zunächst zur Defensive nötigte. Man hätte das viel früher integrieren können. Das war der Preis – nun neige ich ja vielleicht als Folge meines Alters zur Ansicht, daß man immer einen Preis zahlt, wenn man sich weit aus dem Fenster hängt. Man bezahlt eben den Preis für die Verteidigung der Historischen Sozialwissenschaft z. B. in der Gestalt, daß man die Welt der Ideen und der Religionen usw. nicht früh genug ernst nimmt.

Wie ist es denn mit der viel beschworenen Interdisziplinarität? In der Praxis sieht es ja relativ mau damit aus. Das gibt es eher im Sinne einer alltagspragmatischen Dahinwurstelei, daß einzelne Personen sich Kompetenzen aneignen, aber eine systematische Zusammenarbeit fehlt bis heute.

Das stimmt schon. Als Postulat haben wir die Interdisziplinarität immer hochgehalten. Sie hatte in Bielefeld mit dem Zentrum für Interdisziplinäre Forschung (ZiF) auch schon unter Schelskys Imperativ ein frühes Aushängeschild. Aber gemacht haben das sehr wenige. Streng genommen Kaelble mit seinen Mobilitätsstudien und Unternehmern, manchmal Kocka; aber nach der glänzenden Diss. von Puhle über die Agrarier, die inspiriert war von Fraenkel und den Politikwissenschaftlern, kam eigentlich wenig nach. Das Merkwürdige ist, daß in der Kritik nicht längst gesagt worden ist: Hinter dem Aushängeschild ‹Historische Sozialwissenschaft› haben sich eigentlich zu wenige konkrete Arbeiten versammelt. Denn die Leute, die dann sehr gute Sozialgeschichte gemacht haben, griffen ja nur notfalls, wenn es mal sein mußte, auf eine Statistik zurück oder auf eine soziologische Interpretation. Das hat am ehesten Mooser mit dem Band über die Arbeiter getan, der auch eine große Wirkung gehabt hat. Dann kam zweitens hinzu, daß das ganze auch ein Appell war an die Soziologie. René König, mit dem ich das damals beredet habe, war sehr dafür und sagte, wir laufen als Soziologen in die Irre, wenn wir nur Gegenwartsanalyse machen. Dann gab es bei den Soziologen Lepsius und den jungen Schluchter, aber sonst wurde die Liebe eigentlich nicht erwidert. Der Siegeszug der empirischen Sozialforschung ist eindeutig, nachdem Leute wie Plessner abtraten und König und auch in gewisser Hinsicht Schelsky, der ein gelehrtes Haus war. Bis auf Lepsius und Schluchter ist der Geschichtswissenschaft von den Jüngeren kaum einer entgegengekommen. Es ist angesichts der deutschen Tradition ein merkwürdiges Phänomen, daß Historische Soziologie sich heute verbindet mit Namen wie Jeffrey Alexander, Rogers Brubaker und Michael Mann. In Deutschland scheint das überhaupt keine Resonanz mehr zu finden, nachdem Peter Flora mit der Modernisierungsforschung aufgehört hat.

Das ist aber die Gegenseite. Auf Seiten der Historiker sieht es doch nicht besser aus. Wenn es überhaupt noch irgendwo halbwegs funktioniert hat, war es eigentlich im Hinblick auf die Soziologie. Ganz schlimm wird es, wenn es um Ökonomie geht. Da steht auf der Habenseite kaum etwas, auch nicht bei den Historikern.

Die einzigen waren Richard Tilly, Holtfrerich und einige andere. Das sind so vier, fünf Leute. Die sind dann auch alle irgendwo untergekommen. Von Fischer kam keiner hoch, und Borchardt hat leider wenige habilitiert. Wenn man einen internationalen Vergleich macht, gibt es viele positivistische Einzelstudien, aber nichts, was sich mit den wirklich guten Amerikanern messen kann.

Woran liegt das?

Es liegt zum einen daran, daß in Amerika immer Modeströmungen wie ein Steppenfeuer durch die Wissenschaftslandschaft gehen. Da gab es eine Phase, wo in bestimmten Departments sehr einflußreiche Leute, wie z.B. Alexander Gerschenkron, gelandet waren. Da gab es unter jungen Ökonomen auf einmal ein Interesse an diesen Dingen. Das ging blitzschnell. Da gingen auch die intellektuell Neugierigen hin. Das gab es hier überhaupt nicht. In der Zeit des Siegeszuges der Marktwirtschaft, das habe ich in Köln mit den riesigen Vorlesungen und Seminaren erlebt, da wurde Neoklassik gelehrt von vorne bis hinten. Aber es gab überhaupt kein Interesse an einer historischen Dimension, von den Vortragenden nicht und auch nicht von den Jüngeren, die da hingingen. Der zeitweilige Siegeszug der *new economic history*, der von Amerika ausging, ist heute schwer vorstellbar. In Frankreich haben die Braudel-Anhänger und die Ökonomen ganz andere Interessen verfolgt. Sie haben die ‹Cliometriker› zwar aufnehmen können, aber es ist eigentlich keine französische Bewegung und auch keine englische gewesen. Die Engländer, die es aufgegriffen haben, waren dann meistens ein Jahr in Madison oder Harvard und sind dort damit in Berührung gekommen. Hierzulande ist es merkwürdigerweise nur über Richard Tilly gelaufen. Seine Schüler nun, Holtfrerich, Fremdling u. a., haben keine Studenten weiter auf dieser Linie ausgebildet. Es gab bei ihnen kaum einen nennenswerten Doktoranden. Das ganze ist um so rätselhafter, weil man in Amerika ja an sehr interessante Sachen herankam: Was wäre gewesen, wenn der Eisenbahnbau nicht so früh oder wenn der Bürgerkrieg nicht gekommen wäre? War die Sklaverei nicht ein horrendes Geschäft und keineswegs zum Absterben verurteilt? Die guten Leute verkoppelten das auch immer mit Fragen, die in Amerika sofort große Aufmerksamkeit weckten. Das Buch von Engerman und Fogel erlebte Auflagen und Diskussionen vom Norden bis in den Süden. Das kann man sich hier gar nicht vorstellen. Nun gut, deren Zeit ist vorbei, aber sie haben eben auch Klischees korrigiert und Probleme erarbeitet, die sonst nicht angegangen worden wären. Hier gibt es da im Gegensatz dazu eine merkwürdige intellektuelle Taubheit.

Läge hier noch ein großes Potential?

Ich würde nicht nur *new economic history* machen, das fände ich naiv, dieser Glaube, man könnte mit einer Dogmatisierung der Neoklassik und Statistik usw. die Welträtsel knacken. Aber ich denke, daß eine Fusion von ökonomisch-theoretischen Vorstellungen und harter wirtschaftshistorischer Arbeit einen voranbringt. Da gibt es ja auch überzeugende Beispiele aus der Globalisierungsforschung.

Und Interdisziplinarität als prinzipielle Vorgabe? Wenn man das ernstnehmen würde, was könnte der Gewinn sein für die Geschichte?

Erst einmal gibt es ja das Problem, daß in der jüngeren Generation das Interesse an Wirtschaftsgeschichte radikal zurückgegangen ist. Das ist sehr schwer, wenn man keinen Rückenwind hat. Damals hatten wir zumindest die Illusion, wir hätten ihn. Die mächtigen Sozialwissenschaften würden sich schon auf die Historisierung einlassen müssen, und die Historiker sollten endlich von dem profitieren, was sich da tat. Heute wüßte ich auch nicht, wen von den westdeutschen Soziologen ich dazu holen würde, außer den alten Strategen wie Lepsius und Schluchter und von den Jüngeren Schwinn. Bei den Ökonomen bin ich ohnehin ziemlich verzweifelt, wen man von den Etablierten gewinnen könnte, Zeit zu opfern, sich auf ein historisches Thema einzulassen. Horst Albach würde aus alter Freundschaft kommen und sich gut schlagen. Bei den Kulturanthropologen, Ethnologen – ich weiß es nicht. Ernsthaft getestet haben das die Medick und van Dülmen und Konsorten ja auch nicht.

Wenn man von der Geschichte aus zu anderen Fächern blickt, scheinen sie häufig ein recht klares Profil zu bieten. Umgekehrt kann man fragen: Was könnte denn die Historie diesen anderen Fächern Spezifisches anbieten? Hat die Geschichte eine Art Kern, der das eigene Selbstverständnis trägt? Was können wir im Dialog mit Soziologen, Ethnologen oder Ökonomen leisten?

Der unbezahlbare Vorzug ist, daß die Historiker bestehen müssen auf der Tiefendimension von Problemen, darauf, daß sich die Phänomene in der Zeit entwickeln und verändern. Das ist etwas, was man bei jüngeren Soziologen sehr vermißt. Ich schreibe öfters Gutachten für soziologische Zeitschriften: Was die manchmal angeboten bekommen von schon bekannten Leuten, da sträuben sich einem die Haare. Dann diese Dynamisierung; wenn man einen längeren Zeitraum übersieht, wie sich Phänomene entwickeln – meinetwegen etwas ganz Leichtes: der neue Mittelstand und die Angestellten, die in den 1980er Jahren die Arbeiter überholen. Im Grunde ist die Kockasche Interpretation – die Angestellten seien auf den

Staat fixierte Privatbeamte – revidiert worden, und die Gegenthese von Reinhard Spree und anderen hat sich durchgesetzt: Das ist im Grunde eine ganz moderne Berufsklasse – vom Konsum, von den Einstellungen her; und jetzt wissen wir, seit Falter, auch in den Wahloptionen. Ich finde, es ist immer ein Vorzug, den gute Historiker mitbringen: die Tiefendimension und den zeitlichen Durchlauf und die Dynamisierung, die man damit erreichen kann.

Ist der Vergleich noch ein historisch lohnendes Unterfangen?

Ich stelle fest, daß die jüngere Garde bei Jürgen Kocka sich über seine Neigung, weiter auf den Vergleich zu setzen, gelegentlich mokiert. Obwohl das ja doch ein unübertreffliches Mittel ist, um Unterschiede und Ähnlichkeiten herauszubekommen. Die transnationale Diskussion leidet daran, daß sie nicht vergleichend geführt wird. Da sind sie froh, daß die Deutschen auch einmal ein paar Wochen diskutieren, ob sie chinesische Kulis ins Land holen sollen. Aber da findet sich dann keine Debatte über die Millionenauswanderung von Kulis nach Südostasien in den Pazifikraum und bis hinein nach Indien. Und die Hunderttausende von Kulis, welche die amerikanischen Eisenbahnen bauen, da bekommt man für einen Vergleich ganz andere Phänomene in den Blick. So geht das mit vielem. Ich glaube, daß das transnationale Interesse gewinnen könnte, wenn seine Protagonisten sich auf einen ernsthaften Vergleich einließen. Der ist aber nicht so leicht. Es ist immer die Frage gewesen, ob man für eine Diss. schon ein Vergleichsthema vergeben sollte. Weil man da auf zwei Feldern kompetent sein muß, mit allen Tücken, die damit verbunden sind. Manchmal ging es gut. Ich finde z. B. Welskopps Arbeit über Stahlarbeiter in Pennsylvania und im Ruhrgebiet hervorragend; er hat das auch mit einer Intensität und einem lebensgeschichtlichen Hintergrund aus dem Ruhrpott betrieben. Aber das sind schon Ausnahmen.

Sind historische Zwei-Ländervergleiche nicht ohnehin ein Auslaufmodell? Wäre es nicht besser, wenn Forscher-Teams gleich mehrere Länder, aber von einer ganz klaren methodischen Prämisse aus, vergleichen?

Das Problem ist, wenn man etwa mit strikten Vorgaben Ansätze zur zivilgesellschaftlichen Diskussion in drei, vier Länder vergleicht, können sich die Vorgaben, wenn man Einheitlichkeit und keine Buchbindersynthese haben will, am Ende für die interessanten Jüngeren als so starr erweisen, daß sie sich sowieso nicht daran halten. Das ist das große Dilemma bei Teamarbeit. Wir hätten am Schluß aus dem vorhandenen Fundus der Bürgertumsexperten einen schönen Sammelband hingekriegt: ‹Bürgertümer von bis›. Aber das wäre nur gutgegangen, wenn man das am ganz langen Zügel organisiert hätte. Ich sehe natürlich völlig ein, daß der Vergleich für den Einzelnen vom Literaturanprall und den ganz unterschiedlichen Problemen, die dann auftauchen, sehr schwierig ist. Auf der anderen Seite könnte es vielleicht auch noch eine Möglichkeit sein, die man in der Kooperation mit anderen als Stärke vertreten könnte, daß Historiker im solide fundierten Vergleich noch am ehesten teamfähig sind. Vielleicht wäre ein lohnendes Thema eine vergleichende Analyse der Sozialstaatsentwicklung – obwohl es an der Oberfläche wie erschöpft aussieht. Es gibt ja genügend oberflächliche Arbeiten über den Wohlfahrtsstaat, da ist ja jemand wie Peter Flora um Längen besser. Da glaube ich schon, daß sich das lohnen würde, die unterschiedlichen Pfade der sozialstaatlichen Entwicklung zu vergleichen. Dann müßte man auch Farbe bekennen, ob das wirklich nicht eine großartige Leistung der politischen Kultur vor allem Europas ist und warum man jetzt bei der Finanzierung und beim Überschreiten aller rational vertretbaren Grenzen in die Bredouille kommt und wie man dagegen wieder freie individuelle Entscheidungen aufwerten kann. Das wäre auch intellektuell spannend. Mit zu den besten Studien zu dieser Thematik zählen immer noch die Arbeiten von Gerhard A. Ritter. Er hat in dem Riesenprojekt zur deutschen Sozialpolitik, das Norbert Blüm angekurbelt hat, mitgearbeitet, wie auch Franz Xaver Kaufmann und Manfred Schmidt. Da sind zum Teil vorzügliche Texte erschienen. Trotzdem gäbe es da noch genug zu tun. Zum Beispiel gibt es immer noch eine radikale Unterschätzung der Parallelen zu Österreich. Dort läuft manches parallel zu Bismarck – ebenso übrigens wie unter ganz anderen politischen Bedingungen in der Schweiz. Nur die Engländer halten am individuellen Versicherungsprinzip fest. Ein solcher Vergleich ginge letztlich auch nur interdisziplinär, denn das könnte man nicht ohne einen historisch interessierten Ökonomen machen.

IV. Aktuelle Trends in der Geschichtswissenschaft

Was wären heute – wie Sie formulieren würden – potentiell überlegene Alternativangebote zur Historischen Sozialwissenschaft? Man kann es durchgehen: Kulturgeschichte, historische Anthropologie, transnationale Geschichte, Politikgeschichte. Fangen wir mit der ‹neuen Politikgeschichte› an.

Ich habe ja damals Hillgruber kritisiert, weil er mit seiner Vorstellung, was moderne Politikgeschichte sei, nicht klar genug herausrückte. Da sehe ich an empirischen Ergebnissen wenig, was man für eine moderne Politikgeschichte in Anspruch nehmen könnte. Es gibt ein paar intelligente Arbeiten von Eckart Conze, es gibt natürlich die Ausnahmefigur von Jürgen Osterhammel, der immer auch sagen könnte: Ich mache eine Art von internationaler Politikgeschichte, obwohl er sich selber nicht so definiert. Es gibt eine Arbeit, die ich gut finde, von Klaus Wiegrefe, dem Historiker beim «Spiegel», über den Zusammenstoß zwischen Helmut Schmidt und Jimmy Carter. Er hat alles geknackt: den privaten Nachlaß Schmidt, den Nachlaß Carter, hat lange gearbeitet und eine gute Mischung von politischen Entscheidungsprozessen sowie wirtschaftlichen und strategischen Rahmenbedingungen erfaßt – also ein ganz komplexes Gebilde. Da versteht man, warum die beiden allmählich zusammenrasseln, dieser ungeheuer selbstbewußte Schmidt und dieser religiös inspirierte Carter. Aber es gibt ganz wenige politikhistorische Arbeiten, die so weit angelegt sind und diesen Appell ernst nehmen, möglichst viele Dimensionen von Wirklichkeit zu integrieren. Aber daß das im Prinzip möglich sein müßte, das würde ich schon sagen. Nur sehe ich im Augenblick nicht, auch institutionell nicht, wer das machen könnte. Dieter Langewiesche in Tübingen hat sehr unterschiedliche und gute Doktoranden. Jetzt koordiniert er die Themen ein bißchen im Hinblick auf Kriegserfahrung im Sonderforschungsbereich. Überhaupt muß man sagen, es sind erstaunlich viele Universitäten intellektuell tot in unserem Bereich. Nur selten kann man sagen, da tut sich wirklich etwas Spannendes.

Eine Frage noch zur ‹neuen Politikgeschichte›. Trägt dieser Anspruch etwas Neues in sich?

Ich sehe es bisher nicht. Es ist ja auch kein Zufall, daß im Bielefelder SFB über «Das Politische als Kommunikationsraum» noch kein einziges Buch herausgekommen ist, wo man studieren könnte, was dieser Ansatz bringt. Jetzt gibt es einige Sammelbände, sie sind aber außerordentlich heterogen. Ich halte es für verhängnisvoll, wenn man Politikgeschichte als Kommunikationsgeschichte betreibt und die Entscheidungsprozesse, wo die Weichen gestellt werden – egal ob durch Carl Schmitts Antisemitismus oder durch eine Reichstagsabstimmung –, abwertet und glaubt, man könnte über Kommunikationsgeschichte von Gruppen mehr erreichen zum Verständnis von politischen Prozessen – das sehe ich überhaupt noch nicht. Ich bin aber weiter neugierig. Noch weiß man nicht, was da einmal auf längere Sicht rauskommt. Neue Politikgeschichte – wenn man das hinbekäme und wenn man so eine ungewöhnliche Begabung hat wie Osterhammel, könnte man dem etwas abgewinnen. Es ist aber auch noch nicht klar erkennbar, wie es theoretisch überlegt vorangetrieben wird.

Und die anderen Alternativen?

Historische Anthropologie – sehe ich überhaupt nicht. Bei der Zeitschrift «Historische Anthropologie» funktioniert offenbar das Gutachterverfahren nicht. Ich habe van Dülmen und Medick zugeredet, sie gingen den Bach runter – sie sind immer noch unter einer Auflage von 600–, wenn sie sich nicht angewöhnten, strengere Kriterien anzulegen. Ich sehe auch international nicht mehr den Rückenwind, den sie lange vermutet haben.

Mit der Kulturgeschichte glaube ich, wenn man das ernsthaft betriebe, wenn man etwa Friedrich Jägers Dissertation über Weber und die Kulturgeschichte ernst nähme oder Clifford Geertz und nicht per se nur auswiche in Rituale und Symbolik usw., sondern versuchte, das, was die englische Kulturanthropologie immer betont hat, die harten sozialen, ökonomischen und politischen Strukturen von kleinen Gesellschaften mit einzubeziehen, dann könnte das fruchtbar sein. Dann ist mir egal, ob man einen Hamburger Kietz nimmt oder eine schlagende Verbindung. Aber noch sind das eher Ausnahmen. Rebekka Habermas in Göttingen oder andere, die mögen ihre Gesprächszirkel haben, aber noch ist da nichts herausgekommen, was eine große werbende Wirkung hat. Das braucht es vielleicht auch nicht, wenn Modeströmungen da sind. Eine Zeitlang hieß jede beliebige Arbeit Sozialgeschichte des Knopfes, des Fahrrads usw. Jetzt wird der Begriff Kulturgeschichte gebraucht.

Wie sieht es mit der zur Zeit vielgepriesenen transnationalen Geschichte aus?

Transnational – eine interessante Figur ist hier Sebastian Conrad; ein gescheiter Mann. Aber jetzt habe ich seine Habil. über

‹Deutsche Arbeit› gelesen. Da sind wirklich erstaunliche Passagen drin, z. B. ein Kapitel über die chinesischen Kulis, die in Deutschland eingesetzt werden sollten, das war wirklich nur ein Hirngespinst. Und dann ein abenteuerliches Kapitel, daß der deutsche Nationalismus nur aus dem Haß auf die Polen verstanden werden könne. Da kann ich nur sagen, bis 1848 haben alle – Schleiermacher, Humboldt, die ganzen frühen Erfinder des deutschen Nationalismus – die Polen geliebt. Dann kommt der wirkliche Zusammenprall erst mit der Germanisierung der Sprache und des Bodens in den 1880er Jahren. Aber je weiter man nach Westen kam, schon nach dem preußischen Magdeburg, interessierte das die Leute wenig, außer der alldeutschen Ortsgruppe vor Ort. Das nur darauf zu trimmen und die vielen mächtigen Einflußfaktoren, die den Nationalismus auch in Deutschland längst vorher bestimmten, einfach zu leugnen, verrät eine ziemliche Unkenntnis der Forschung der letzten 20 Jahre. Da fehlt der *sense of proportions*. Bei der Imperialismusproblematik gibt es fraglos interessante Sachen. Oder die Expansion der Wissenschaften, die keine nationalen Grenzen respektieren. Da könnte ich mir gut vorstellen, daß mich das heute interessieren würde, wenn ich nochmal anfinge zu studieren.

Dann gibt es einen weiteren Bereich, der aber ungeheuer anspruchsvoll ist: Wie weit komme ich bei der Interpretation mit Modernisierungstheorien, wie weit komme ich mit ökonomischen Wachstumstheorien. Osterhammel hat es vorgemacht – das glänzende Buch über China in der Weltgesellschaft lebt ja von westlichen Theorievorstellungen. Da macht er sich das zunutze, was er gebrauchen kann. Dann hat er aber die Fähigkeit, vom chinesischen Entwicklungsniveau wieder nach Westen zu blicken. Nun kann ich das leider inhaltlich nicht kontrollieren. Aber insgesamt finde ich das schon eine ungemein belebende Verflüssigung der nationalstaatlichen Barrieren und Grenzen. Nur muß man eben auch Chinesisch oder Hindi können, um das glaubwürdig machen zu können.

Die Konfrontation zwischen Historischer Sozialwissenschaft auf der einen Seite und Alltagsgeschichte und Kulturgeschichte auf der anderen Seite läßt sich auch so beschreiben, daß sich die Historische Sozialwissenschaft auf Gesellschaft, d.h. auf überindividuelle Strukturen und Prozesse, konzentriert hat, während die Kulturgeschichte die subjektiven Perspektiven bzw. die Symbolsysteme, in denen sich subjektive Perspektiven artikulieren, favorisiert. Wenn es einer Seite gelänge, einen integrativen Zugriff zu entwickeln, könnte sich das als neue Leitwissenschaft etablieren.

Und wie wollen Sie das nennen?

Ist das so wichtig? Haben Sie eine Idee, wie sich die Historische Sozialwissenschaft modifizieren müßte, um das vollbringen zu können – die subjektive Perspektive zu integrieren, ohne sie nur additiv anzuhängen?

Nein. Als es um den Redaktionswechsel von «Geschichte und Gesellschaft» ging, habe ich auch gesagt, ich hätte nichts dagegen, wenn der Untertitel wegfiele. ‹Zeitschrift für Historische Sozialwissenschaft› hat als Provokation eine Zeitlang gewirkt, wenn auch viele Beiträge dem nie entsprochen haben, weil der Anspruch nicht akzeptiert wurde oder zu hoch gehängt war. Doch die Meinung war: Wenn schon, dann soll das als Markenzeichen weiterexistieren. Ob das nun so erweitert oder umformuliert werden könnte, diese theoretische Herausforderung ist offen. Ich werde mich an dieser Debatte, wenn sie denn aufkommen sollte, nicht sofort beteiligen, sondern erst einmal abwarten, welche Argumente für diesen neuen

Ansatz vorgebracht werden. Beim letzten Band der «Gesellschaftsgeschichte» stelle ich fest, daß man aus dem Gehäuse, das man sich am Anfang einer solchen Synthese geschaffen hat, nicht ungestraft ausbrechen kann. Wenn manche sagen: ‹Schalten Sie doch einfach mal um auf Kulturgeschichte› – so geht das nicht, weil die Denkfiguren und Argumentationsweisen eben einer bestimmten Ausgangskonstellation verpflichtet sind. Man kann sich glücklich preisen, wenn die Meinung von 1987 noch immer einigermaßen zu verteidigen ist, sonst muß man sie aufgeben. Aber ich behalte zunächst das Strukturierungsschema bei. Wenn man so etwas entwickeln will, wäre es am besten, man täte das mit einem gewissen institutionellen Rückhalt. Man müßte drei bis vier Leute an der Universität haben, ein paar Doktoranden und wissenschaftliche Mitarbeiter, die sich davon begeistert zeigen. Dann müßte man sich in die Arena des Wettbewerbs begeben.

Eine Möglichkeit, die Verbindung mit der subjektiven Perspektive herzustellen, könnte ja sein, gesellschaftliche Prozesse sehr viel stärker als Lernprozesse zu thematisieren. Wobei man Angebote bräuchte, wie sich die individuelle und die kollektive Ebene miteinander vermitteln lassen.

In gewisser Hinsicht interpretiere ich die politische Geschichte der Bundesrepublik in einem langen Einleitungskapitel zum fünften Band der «Gesellschaftsgeschichte» als Versuch, aus Weimar und den Erfahrungen der totalitären Diktatur zu lernen. Das ist banal, geht aber bis in jede einzelne Formulierung des Grundgesetzes. Man kann verfolgen, wie diese Generation der Gründungsväter und -mütter versucht, auch in einem schmerzhaften Lernprozeß, weil sie manches korrigieren müssen, was in Weimar noch als selbstverständlich galt, neue Rahmenbedingungen zu etablieren. Konzepte wie ‹Soziale Partnerschaft› sind auch Versuche, aus der Kooperation der Kriegs- und Nachkriegszeit zu lernen und nicht wieder in Klassenschemata der 20er Jahre zurückzufallen. Das ist die Erfahrung, daß man unter feindlichen Fliegerangriffen und in der Wiederaufbausituation nach der Demontage in einer ganz anderen Weise zusammenarbeitet, und das wird auch auf beiden Seiten so empfunden. Auf der anderen Seite gibt es in meinen Augen aber auch falsch gelaufene Lernprozesse; z.B. glaubt die außerordentlich einflußreiche Schule von Bolte, dem Münchner Soziologen – Beck, Hradil, Kreckel, Peter Berger –, seit der Mitte der 1980er Jahre sei das Zeitalter der Individualisierung und Pluralisierung und der Milieus angebrochen und Einkommen, Berufsunterschiede und das Prestigedifferenzial seien nicht mehr entscheidend. Und sie glauben natürlich, sie lernten das aus der genauen Beobachtung ihrer Studenten, die alle Armanijeans tragen oder sich in alternativen Bewegungen pluralisieren. Da werden dann die absolut überzeugenden Ergebnisse der Soziologen, die die empirische Knochenarbeit machen, wie Rainer Geißler und Karl-Ulrich Mayer oder Michael Hartmann und Walter Müller, nicht mehr wahrgenommen. Hartmann finde ich ganz vorzüglich, wie er 5000 Vorstandsmitglieder und Aufsichtsräte, die gesamte deutsche Wirtschaftselite, untersucht und feststellen kann, daß 87% aus Topmanager- und Unternehmerfamilien kommen – das ist ein ungeheurer Elitisierungsprozeß, der nichts mit Individualisierung und Pluralisierung zu tun hat. Da kann man verfolgen, wie eine ganze Generation von Soziologen abdriftet. Da lassen sich fehlgesteuerte Prozesse des Lernens aus der sozialen Realität verfolgen. Aber warum sie unisono auf dieser Welle schwimmen, das begreife ich nicht richtig, warum sie die Pluralisierung und Individualisierung für so durchschlagend halten. Geißler hält da sehr schön dagegen: Stimmt das im Bereich der Bildung? Nein. Ein katholisches Landarbeitermädchen kommt im Durchschnitt noch immer nicht auf das Gymnasium. Bei der Kriminalitätsrate: oben Minimalbestrafung, Normverletzer aus den sozialen Unterschichten zu 90% schwer bestraft. Beck oder Hradil oder Berger nehmen das an keiner Stelle einmal auf. Ich meine, da gibt es Fehlinterpretationen, die sich ausgeben als erfolgreicher Lernprozeß, der den anderen Soziologen angeblich leider versagt ist. Ich kann nur sagen, diese Debatte gibt es nur in Deutschland. Den Engländern, Franzosen und Amerikanern ist sie völlig fremd. Natürlich ist das für sie klar, daß die Welt bunter wird, aber daß es weiterhin harte Strukturen der Ungleichheit gibt, ist völlig selbstverständlich.

Haben Sie eine Erklärung für diese deutsche Besonderheit? Ist es die deutsche Tradition, Gesellschaft und soziale Differenzierung abzulehnen und Begriffe wie ‹Mittelstand› und ‹Gemeinschaft› zu privilegieren?

Während in England und Frankreich ziemlich unbefangen von Klassen gesprochen werden kann, ist die Klassensprache hierzulande wegen der Rolle, die der Marxismus bei ihrer Popularisierung gespielt hat, geradezu stigmatisiert. Nüchtern Klassenunterschiede anzuerkennen und Interessenkonflikte für eine gesellschaftliche Normalität zu halten, fällt vielen Deutschen offenbar immer noch schwer. Daher rührt auch das Festhalten am anachronistischen Begriff des ‹Mittelstandes›, aus dem überall längst Mittelklassen geworden sind. Auch in der schwachen Abwehr gegenüber großen Koalitionen als parlamentarischer Regierungsgrundlage steckt noch etwas von diesem Harmonie- und Konsensbedürfnis.

Zurück zur gegenwärtigen Lage der Geschichtswissenschaft. Sehen Sie neue ‹master narratives› auftauchen?

Meines Erachtens ist der Gipfel der nationalistischen Fehlinterpretation als überholt anzusehen. Es ist sicher die Treitschkesche Selbstsicherheit vorbei, daß die Entwicklung auf den deutschen Nationalstaat hinausläuft und daß man ihn jetzt zu preisen habe in seiner Vor- und Entwicklungsgeschichte – auch in der modifizierten Variante, an der die Generation von Rothfels, Schieder und Conze immer noch an Nationalgeschichte als Strukturierungskern festgehalten hat. Auf der anderen Seite kann man ja Nationalismus, Nation und Nationalstaat noch so sehr kritisieren, das tue ich auch immer wieder, aber sie besitzen doch noch immer eine ungeheure Strukturierungskraft, gerade auch außerhalb Deutschlands. Bei uns ist der Bruch durch 1933/1945 am schärfsten, während auch sehr aufgeklärte Engländer meiner und jüngerer Generationen doch, wenn man etwas bohrt, noch eine Art naiven Nationalismus teilen, der auch durch die Siegerrolle in den beiden großen Kriegen bestätigt worden ist – in Amerika ohnehin. Da ist selbst das Wort Nationalismus nicht erwünscht, man nennt das eben Patriotismus. Wenn man das jetzt als ernsthafte Herausforderung nimmt, daß man nicht nur um Nationalentwicklung und Nationalstaat Geschichte schreiben kann, dann wäre es möglich, und mein Beweis ist Kaelble, daß man eine europäische Geschichte schreiben kann unter Sachgesichtspunkten. Man kann sie nicht so schreiben wie in Peter Blickles 10 Bänden, wo Fisch, Bernecker u. a. dann fünf Seiten Norwegen, fünf Seiten Schweden, 20 Seiten Italien schreiben, bis 1848, bis 1871 und so weiter. Dann quetschen sie die Länder nebeneinander. Das war schon der Kummer des alten Schieder, daß er das nicht hinbekam bei seinem Handbuch, die Autoren nach gemeineuropäischen Entwicklungen oder ihren Unterschieden fragen zu lassen. Sie haben alle eine Art Klebeheft geliefert. Dabei ist es durchaus anders möglich: Das zeigt Kaelble mit seinem Buch über die Sozialgeschichte Westeuropas – er wird jetzt gerade mit der Fortsetzung fertig: von 1950 bis 2000. Da finde ich, überzeugt es schon, wie er Unterschiede und Angleichungen beschreibt in der Familienstruktur, in den Industriestrukturen, dem Abstieg des Agrarsektors, der wütenden Verteidigung der Pfründe der EU-Kasse. Dann dekliniert er Mobilitätsraten und Bildungssystem usw. der Reihe nach durch. Man kann unter klug ausgewählten Sachgesichtspunkten eine überzeugende – das käme auch dem Wunsch nach transnationaler Geschichte nahe – Geschichte der europäischen Länder westlich der Elbe schreiben. Ob es nun so leicht ist – was er damals beim ersten Band nicht gemacht hat –, die Osteuropäer mit einzubeziehen, weiß ich nicht; vielleicht gelingt es. Auf der einen Seite hat er Kapitel über fortbestehende Unterschiede und versucht zu gewichten, wie groß sie sind und welche Überlebensfähigkeit sie haben. Auf der anderen Seite hat er die Kategorie der wachsenden Gemeinsamkeiten, daß etwa im Hinblick auf bestimmte Lebensbedingungen in Rotterdam oder Köln oder in Marseille die Unterschiede sehr gering geworden sind.

Da kann man auch skeptisch sein. Wird das nicht praktisch eine Neuauflage der Nationalstaatsgeschichtsschreibung des 19. Jahrhunderts? Man schreibt eben nicht mehr auf das Deutsche Reich hin, sondern auf Europa.

Mein Vorwurf ist – aber das halte ich für eine legitime politische Position –, man unterfüttert EU-Geschichte.

Das ist Legitimationsgeschichtsschreibung.

Das kann ja sein, das kann man ja in gewissem Sinne von jeder Art von Geschichte behaupten ...

Jacob Burckhardt hätte gespottet: Von jetzt ab wird jede Geschichte europäisch angestrichen.

Das ist wahr, in Siegesfarben. Da macht Kaelble auch keinen Hehl daraus, daß er das Europaprojekt verteidigt. Es ist eine Art von Historiographie, die als Fluchtpunkt die Gemeinsamkeiten europäischer Geschichte im 20. Jahrhundert betont. Man kann ja Kritik äußern, aber es ist eine Position, die sich mit vielen guten Argumenten auch in der künftigen Lebenswelt der Leser verteidigen läßt. Von der Sozialgeschichte her wäre es sehr wünschenswert, man würde sich endlich dem Problem stellen, wie das denn nun mit Klassen und Schichten und Ungleichheit ist, ob man um diesen harten Kern herum nicht genau so gut eine europäische Geschichte schreiben kann, weil die Nationalgesellschaften dadurch sehr geprägt werden. Man könnte auch eine europäische Geschichte im Kontrast zu den Verhältnissen in Amerika schreiben. Wie durchsetzungsfähig das wäre, weil in der Mentalität der meisten Leute doch nationalstaatliche Perspektiven zunächst weiter dominieren – das weiß ich nicht. Jedenfalls sehe ich im Augenblick außer dem Kaelbleschen Ansatz keine tendenzielle Alternative, die eine gewisse Durchsetzungskraft haben könnte, sie sehe ich auch nicht bei Osterhammel. Seine Variante ist nämlich intellektuell zu anspruchsvoll, als daß sie Emotionen mobilisieren könnte. Das könnte man Kaelble immerhin noch zugute halten, daß er einen proeuropäischen Traktat schreibt, wissenschaftlich verkleidet. Dagegen kann man bei den Texten von Osterhammel, so intelligent die auch sind, noch keine paradigmatischen Konturen erkennen.

Muß man die letzten 20 Jahre der deutschen Geschichtsschreibung in Kategorien des Paradigmenverlusts beschreiben? Wenn man sich heute historische Zeitschriften anschaut, dann sehen sie ein bißchen so aus wie historische Gemischtwarenläden. Die Themenbreite ist noch größer geworden als früher. Man hat den Eindruck, man kann über alles schreiben. Relevanzkriterien gibt es gar nicht mehr. Auch «Geschichte und Gesellschaft» ist jetzt von den Themenheften mindestens zur Hälfte weggegangen.

Das war eine Entscheidung wegen der Klage der Autoren, die nicht hineinpaßten in Themenhefte und ein Jahr oder zwei Jahre warten mußten, was für Jüngere eine schmerzhafte Wartezeit ist. Dann hat die Redaktion gesagt, wir müßten jetzt eine Zeitlang den Stau abbauen. Den hatte ich zum Teil auch bewußt geschaffen, weil ich mir dachte, in den ersten ein bis zwei Jahren kommen sie ohnehin nicht dazu, so schnell Themenhefte zu organisieren. Jetzt gibt es den ersten Klagebrief, die Reserve sei aufgebraucht und wo denn die Themenhefte blieben. Wenn sie dann kämen, würden sie auch wieder dominieren. Aber das prinzipielle Argument stimmt. Es ist eine bunte Salatschüssel, man kann immer noch etwas Neues hineinkippen. Ich weiß nicht, ob das einer Zeitgeistströmung entgegenkommt oder einer Absage an dogmatische Festlegungen oder ob es nur eine Strömung ist, die von den Literaturwissenschaften zu uns herübergeschwappt ist. In gewisser Hinsicht stimmt es schon, daß jedenfalls in der deutschen Geschichtswissenschaft die Verbindlichkeit sehr umstritten ist.

Was halten Sie von dem Argument, daß es aus dem Grund nicht gelingt, weil es letztlich in der Gesellschaft keinen Konsens über politische Leitbilder mehr gibt? Die Historische Sozialwissenschaft hat die wissenschaftliche Neuorientierung ja verbunden mit der sozialliberalen Mehrheitsbildung in der Gesellschaft.

Das hat sicherlich zu ihrer Ausstrahlung beigetragen. Jetzt gibt es keine Integration mehr über ein politisches Leitbild.

Ich glaube, daß das eine der wesentlichen gesellschaftlichen Voraussetzungen war: Dieser Konsens oder auch diese Hoffnung, die uns damals mitgetragen hat, daß die Republik auf lange Sicht in eine Phase ständiger Reformbereitschaft und Veränderung eintrete; sie hat sich allmählich verflüchtigt. Offenbar besteht unter jüngeren Lesergenerationen nicht mehr so stark das Bedürfnis der Identifikation mit einer solchen Position. Damals wurde man bei Tagungen oder Historikertagen ständig angesprochen von Jüngeren, die sagten, sie fänden es gut, was wir da machten. Ich glaube, das wird den neuen Redakteuren so schnell nicht begegnen. Die Frage ist, ob es in der intellektuellen Ökonomie eines Landes oder in diesem Falle auch Europas wirklich auf längere Sicht geht, daß man auf eine gewisse paradigmatische Verbindlichkeit eines Leitbildes verzichtet. Das scheint mir z. B. der Vorzug des Kaelbleschen Ansatz zu sein, der sich nicht ganz löst von den Nationalstaaten, die zu Europa beitragen, aber doch eine Entwicklungschance im Auge hat, die er historisch unterfüttert.

Gibt es in der gegenwärtigen Geschichtswissenschaft große blinde Flecken in diesen ganzen Gemischtwarenläden? Gewissermaßen Waren, die nicht angeboten werden?

Es ist erstaunlich, daß es trotz des Aufschwungs der Kulturgeschichte keine guten Arbeiten gibt über Religion in der Bundesrepublik der ersten 50 Jahre. Das erste Buch, das dies aufgreift, was Friedrich Graf auch ironisch besprochen hat, ist Lucian Hölschers über die protestantische Frömmigkeit. Man bräuchte aber – abgesehen von den vorzüglichen Aufsätzen von Gabriel und von Franz Xaver Kaufmann – eine Entwicklungsgeschichte nach dem Krieg bis zum II. Vatikanischen Konzil, um zuerst die Reformhoffnung und dann ihren Kollaps unter Woityla zu erfassen. Das ist ganz merkwürdig, daß diese Forderung, Religion und symbolische Systeme zu untersuchen, sich beschränkt auf das Mittelalter und die Frühe Neuzeit und die nähere Vergangenheit nicht einschließt. Man könnte viele Anregungen aufgreifen. Graf wäre ein gescheiter Mann dafür.

Dann ist es schon erstaunlich, daß in einer Gesellschaft, in der Wirtschaft unleugbar eine solche Rolle spielt, die Wirtschaftsgeschichte in der Bundesrepublik diesen Abschwung erlebt, im Vergleich mit England oder Amerika. Das ist ganz dramatisch ausgeprägt unter den Jüngeren, obwohl wir in einer wachstumsgläubigen Gesellschaft und in einer krisengebeutelten Gesellschaft leben, die man gar nicht angemessen erklären kann, wenn man ihre Wirtschaftsgeschichte nicht als Unterfutter herausarbeitet. Ich sehe da nach dem Ausstieg von Borchardt und Fischer und einigen anderen in der Generation von Buchheim und Abelshauser keinen, der das macht. Abelshauser hat einen lohnenden Versuch unternommen mit seinem neuen Band bei Beck. Aber das ist auch keine stringente Konjunkturgeschichte, sondern er diskutiert Reparationen, Demontage und die Glaubenslehre der Erhardschen Marktwirtschaft. Er diskutiert aber nicht die industriellen Leitsektoren – da gibt es kein Kapitel über Chemie, Elektrotechnik, Automobilbau usw. Das finde ich sehr erstaunlich.

Dann ist extrem auffällig eine große Lücke der Historischen Sozialwissenschaft, daß wir viel zu wenig auf die Zeit nach 1945 geschaut haben. Das war eine Frage der Vorentscheidung, erst den Teufelsweg vorher genauer zu erkennen. Die Historiker haben sich damit abgefunden, daß die Politologen die ganze Politikgeschichte seit 1945 besetzt haben. Das wird jetzt allmählich besser. Aber wenn man über Sozialstrukturen und soziale Ungleichheit arbeitet, da gibt es wirklich nur das Buch von Paul Nolte. Da hat die Bolte-Schule hundert Aufsätze, und unentwegt publizieren die soziologischen Zeitschriften mit zum Teil abenteuerlich kurzatmigen Erklärungsversuchen, weil sie nicht das Mindeste vor 1968 oder vor 1945 kennen. Dieses Feld haben die Historiker kampflos geräumt. Ich bin natürlich schon der Meinung, daß es zahllose Möglichkeiten für Historiker gibt. Das liegt jetzt an einzelnen: Schließt Mooser noch den Band über die Arbeiter nach dem Zweiten Weltkrieg ab, beendet Kleßmann den Band über die ostdeutschen Arbeiter bis 1990? Da aber seit 1985 die Angestellten weit vor den Arbeitern liegen, müßte das Kocka/Prinzsche Thema der Angestelltenschaft und der expandierenden Beamtenschaft auch einmal genauer untersucht werden. Bernd Wunder hat das in einem Bändchen gut durchgezogen. Ich finde, da ließe sich einiges machen. Aber es gibt noch mehr Bereiche: Ich bin immer noch der Meinung, daß, wenn wir den Bielefelder SFB mit Bürgertum im 20. Jahrhundert weitergemacht hätten, das wirklich ergiebig geworden wäre, wie diese Familien und diese bildungsbürgerlichen Clans und die Unternehmerfamilien seit 1948/49 allmählich wieder auftauchen. Hartmut Zwahr ist immer ganz entzückt – er ist ja ein brillanter Kenner der sächsischen Gewerbegeschichte –, wenn er sagt: ‹Die sind alle wieder da. Der war Werkmeister in Erlangen, jetzt ist er wieder in Leipzig.› Oder: ‹Der war getürmt, aber der Sohn macht wieder das große Geld.› Da ist eine merkwürdige Kontinuität. Ob man das nun akademische Intelligenz oder Bildungsbürgertum nennt, ist egal. Aber es gibt eine verblüffende Kontinuität in den Familien und Verhaltensmustern. Es gibt die Arbeiten von Hannes Siegrist, den wir hier in der SFB-Zeit darangesetzt hatten. Aber es gibt große weiße

Flecken in den 50 Jahren nach 1945, wo man sich mit großer Erfolgsrendite tummeln könnte.

Was ich auf der anderen Seite für ganz falsch halte, ist der Glaube, man könnte Imperialismusgeschichte von Bismarck durchziehen bis zur Entwicklungshilfe der Gegenwart, ohne sich je auf Ökonomie und Politik einzulassen, nur auf die Denkmuster und deren ‹Aneignung der Welt› konzentriert. Das halte ich für völlig verfehlt. Ich glaube auch, daß Eckart Conze Recht hat, wenn er fragt, warum wir nicht einmal eine Geschichte des deutschen Adels zwischen 1945 und 2000 schrieben. Manche Familien wie die Thurn und Taxis und die Waldburg-Zeil usw. bestehen bis heute als große, einflußreiche Clans. Das sind immer noch sehr lohnende Themen: Thurn und Taxis ist immer noch der größte Landbesitzer in Europa und hat Milliarden in der Hinterhand.

Das wäre letztlich aber nur das vielleicht etwas erweiterte Programm der Historischen Sozialwissenschaft auf die Gegenwart angewandt ...

Das liegt mir natürlich nahe, bestimmte Themen weiterzuverfolgen. Außerdem gibt das die Gelegenheit, die eigenen Thesen zu korrigieren.

Eric Hobsbawm hat seine Antrittsvorlesung am Birkbeck College 1979 unter das Motto «Gibt es einen Fortschritt in der Geschichtswissenschaft?» gestellt und kommt zu einem zwar ironischen, aber eher positiven Ergebnis.

Solange man an Marx glaubt, gibt es das. Ich kenne den Aufsatz.

Gibt es einen Fortschritt in der Geschichtswissenschaft?

Ich glaube das schon, aber man kann ja naiv sein. Wenn ich vergleiche – ich gehöre noch zu der Generation, die Ranke einmal gelesen hat, weil das von Schieder und Dietrich Gerhard als selbstverständlich erwartet wurde –, mit welchen blumigen Formulierungen die Altvorderen Riesenprobleme gelöst haben, dann glaube ich schon, daß es Fortschritt gibt. Nun halte ich ja Hintze für den bedeutendsten deutschen Historiker in der ersten Hälfte des 20. Jahrhunderts. Was differenzierte Erklärungsversuche und die Fülle der empirischen Unterlagen angeht, ist er grandios. Jemand, der wie Hintze zunächst kein Weber-Freund ist, aber dann in den 20er Jahren, als er an seiner vergleichenden europäischen Verfassungsgeschichte sitzt, den Mann auf einmal entdeckt und ganz unvoreingenommen verarbeitet, das ist eine große Ausnahme. Man schätzt ja nicht umsonst seine großen Aufsätze, die im Gefolge davon entstanden sind.

Wenn man umgekehrt die Dissertation von Meinecke über das Stralendorfsche Gutachten, irgend eine Episode aus dem Dreißigjährigen Krieg, nimmt – das ist schon abenteuerlich, womit die Leute früher promoviert worden sind. Ich glaube schon, daß es unter Leistungskriterien Fortschritt gibt. Da gibt es heute ein intellektuelles Niveau, das es um 1900 oder 1950 nicht gegeben hat. Das meine ich auch nicht dünkelhaft, weil bestimmte Perspektiven erst nach den beiden Kriegen und nach der Mitte des Jahrhunderts freigesetzt worden sind. Wenn man eine Zwischenbilanz zieht, meine ich, könnte man ohne Arroganz sagen, daß es heute ein nuancierteres und differenzierteres Verhältnis zu den historischen Problemen gibt – auch mit dem Anspruch, theoretischen Kriterien zu genügen. Das ist vorher nicht so empfunden worden. Wenn man sich etwa die Dissertationen von Schieder und Conze anschaut:

Bei Schieder ist es klassische Nationalgeschichte: Was machen die Kleindeutschen in Bayern? Da sieht man den Doktorvater Karl Alexander von Müller – intelligent gemacht, aber eigentlich in den Denkfiguren simpel. Da ist Conze mit seiner Hirschenhofstudie raffinierter. Er kombiniert Bevölkerungsgeschichte und politische Verfassungsgeschichte; es fällt schon auf in der damaligen Zeit, daß jemand mit Anfang 20 so etwas in seiner Diss. hinbekommt. Das würde ich auch im internationalen Vergleich sagen. Ich würde auch behaupten, die Amerikaner können heute über die Verfassungs- und Kulturgeschichte, die Revolutionszeit, auch über den Bürgerkrieg anders – besser – schreiben als noch vor 50 Jahren. Da ich ohnehin eine große Meinung von den englischen Historikern habe, finde ich das dort auch. Das hätte einmal jemand um 1950 hinbekommen sollen, was David Cannadine über den Adel schreibt oder auch über eine Figur wie Churchill. Oder die Franzosen: diese Erstarrung in ihrer Politikgeschichte, ohne die man die *Annales* gar nicht verstehen kann. Und auf einmal kommt Braudel, der in Gefangenschaft bei einem Lübecker Bäcker nicht in die Backstube muß, der ihm aber sagte: ‹Wenn du ein Schreiber bist, dann nimm dir Schulhefte und schreibe.› Dann schreibt er über das Zeitalter Philipps und sagt dann in einem amüsanten Aufsatz, er sei entlassen worden und habe zu Hause die Anmerkungen angefertigt, aber den Text habe er schon aus Lübeck mitgenommen. Dann kommt diese ungeheure Bewegung der *Annales*. Da müßte man ja borniert sein, wenn man nicht sagen würde, daß sie einen Gewinn bringt. Die haben sich aber selber auch eingegrenzt. Sie gehen selten über 1789 hinaus. Als ich die Adelstagung im Arbeitskreis für Sozialgeschichte veranstaltet habe, aus dem dann ein Sonderheft von «Geschichte und Gesellschaft» geworden ist, habe ich an Gott und die Welt in Frankreich geschrieben, weil ich jemanden für den französischen Adel im

19. Jahrhundert suchte. Da sind die Historiker stehengeblieben, da war sozusagen die geheime Grenze. Aber insgesamt unter Leistungskriterien und Gewinn an Komplexität der Erklärung: ein klarer Fortschritt. Nicht geschichtsphilosophisch, das läge mir fern; ich würde harte Leistungskriterien anwenden: Überzeugungskraft der Interpretation, Raffinesse der Fragestellung, empirische Unterfütterung usw.

Bei Otto Brunner heißt es 1953 (‹Das Problem einer europäischen Sozialgeschichte›), Sozialgeschichte sei kein bestimmtes Sondergebiet, sondern eine Betrachtungsweise, ein Aspekt, der Menschen in ihrem Zusammenleben, in ihrer Vergesellschaftung sieht. Sozialgeschichte sei die Geschichte des inneren Gefüges menschlicher Gruppen. Bei Schieder heißt es 1965 (‹Geschichte als Wissenschaft›), im Mittelpunkt historischer Forschung stünden die großen Gemeinschaftsbildungen der Menschen, d.h. die Gebilde, in denen und durch die die Menschen über ihr individuelles Leben hinaus im Ablauf der Zeit wirksam werden. Bei Wehler heißt es 1987, die Gesellschaftsgeschichte untersuche das ganze innergesellschaftliche Gefüge. Ist das nicht alles das Gleiche?

Das würde ich zugeben. Ich habe von Schieder damals die Fahnen seines Buches in die Hand gedrückt bekommen mit der Frage, ob ich mir das mal ansehen wollte. Ich weiß nicht, wie weit das in einen einsickert und sich dann in einer anderen Sprache wieder äußert. Im Grunde habe ich Brunner und Schieder mehrfach genau gelesen. Das sind schon vergleichbare Intentionen. Der große Unterschied ist eben nur der, daß sich Schieder bei aller Weber- und Hintzebegeisterung selber methodisch nicht auf sie eingelassen hat. Er hat zwar im europäischen Geschichtshandbuch erstaunlich detailliert demographische Entwicklungen analysiert, das war noch die Erinnerung an die Königsberger Zeit und die Diskussionen mit Conze. Das gab er auch selber zu, daß man das ganz ernstnehmen müsse. Aber sonst haben sie das nicht weiter betrieben. Von Brunner kam ja dann auch nichts mehr – ein paar intelligente Aufsätze, dann schweigt er. Bei den «Geschichtlichen Grundbegriffen» – da fungiert er als nomineller Herausgeber. Aber in Wirklichkeit war Koselleck der Motor. Da hat Brunner, außer einem Artikel, keinen einzigen Satz mehr dazu beigesteuert. Ich würde sagen, das kann man gerne konzedieren. Es ist vielleicht einer der Nachteile der Historischen Sozialwissenschaft, daß ich das immer mit einem polemischen Gusto vertreten habe, auch weil ich der Meinung war, daß es durch die Polarisierung leichter sei, Anhänger zu gewinnen. Zwischen methodischem Postulat und empirischer Umsetzung liegt aber ein himmelweiter Unterschied. Schieders ‹Friedrich der Große› z.B. hätte man ganz anders angehen können. In Wirklichkeit sind das, wenn man genauer hinsieht, Aufsätze aus 30, 40 Jahren Beschäftigung mit dem Mann, die er einfach zwischen zwei Buchdeckeln als eine Ersatzsynthese gepreßt hat.

V. Max Weber und die anderen. Über theoretische Galionsfiguren

Die Theorieaneignung Hans-Ulrich Wehlers und anderer Protagonisten der Historischen Sozialwissenschaft scheint stets über einzelne große theoretische Leitfiguren, die ‹Ideenspender›, verlaufen zu sein. Ist das ein Erbe des Historismus?

Man greift sich wohl eher die Leitfiguren von Theorieschulen heraus, anstatt sich gleich mit den gesamten Schultraditionen zu beschäftigen.

Max Weber ist in Bielefeld immer ein Säulenheiliger gewesen. Warum gerade er?

Bei Jürgen Kocka ist es der Einfluß von Ritter, der frühzeitig einsetzte; zweitens der Einfluß von Dieter Henrich. Die Berliner Clique – Kocka, die spätere Urte Kocka, Puhle, Kaelble, Schluchter – saß bei Henrich im Seminar, und der liebte seinen Max Weber. Jürgen Kocka schrieb seinen ersten Aufsatz als Ausarbeitung einer Henrichschen Seminararbeit über Marx und Weber. Bei mir war es vor allem der Einfluß von Schieder und König. Beide waren leidenschaftliche Weber-Verehrer. Für Schieder wie für König war Weber der einzige der großen Figuren, der nicht durch die Revolution von rechts und die Nazi-Zeit kompromittiert war. Für König war er überhaupt der ungekrönte König der Sozialwissenschaften. Ohne daß sie das gesagt hätten, war der informelle Druck, sich mit Weber zu beschäftigen, ziemlich groß. Dann gab es Leseerfahrungen und Interpretationsüberraschungen. Ich habe damals zweimal hintereinander die drei Bände der Religionssoziologie gelesen. Das fand ich hinreißend, wie das dem Mann z. B. gelang, die altisraelitische Gesellschaft und ihre Religion zu verknüpfen. Dann gab es bei uns allen dadurch eine Immunisierung gegen den aufkommenden Neomarxismus, wir hatten eine viel größere Skepsis als andere. Keiner ist mitmarschiert. Ich war ja etwas älter als Kocka und die anderen, war schon damals drei Jahre in Amerika gewesen und hatte andere Vorstellungen. Mir gefiel auch nicht dieser emotionale Überschwang, mit dem die 68er Kameraden das machten. Aber wir haben uns alle auf diese internationale Welle konzentriert, den jungen Marx von vor 1848 aufzuwerten, weil er ein atemberaubend spannender Intellektueller ist. Was der alles sah! Im Grunde genommen füttert er nachher im Britischen Museum nur noch die Empirie in das, was er vorher theoretisch konzipiert hatte. Das fanden wir alle spannend, und das unterstützte auch die von Weber genährte Meinung, in Systemen zu denken, denn das tat Marx auf seine Weise ja auch. Ich glaube, am Anfang meines Buches über Bismarck habe ich ein Zitat von Marx über die Anatomie der bürgerlichen Gesellschaft plaziert. Damals fragte Schieder, ob das denn sein müsse. Das hatte aber einen gewissen Reiz, wenn man etwas anders machte – gegen Ranke und Niebuhr und Dilthey Zitate von Marx zu zücken. Letztlich ist die Option für Weber eigentlich auch das Ergebnis pragmatischer Erfahrung. Jürgen Kocka hat z. B. das Talent, wenn er sich inhaltlich nicht gut auskennt, ganz schnell systematisch eine Fragestellung aufzubauen, wo mancher sich dann fragt, woher hat er das bloß? Das ist sehr an Weber geschult, wenn er sagen kann: ‹Wenn wir das einmal idealtypisch sehen, geht es doch im Grunde genommen, was immer Sie mir hier über die Pfarrer in Mecklenburg erzählen, um den und den Konflikt. Und den können wir nun so und so formulieren.›

Insgesamt entstand die Fixierung auf Weber als Resultat eines Verengungsprozesses. Am Anfang gab es viel weitere Interessen. Dann schrumpfte das allmählich, Marx trat zurück. Das verlief nicht irgendwie gesteuert. Ich hätte mir auch nicht vorstellen können, wer das hätte steuern können. Ich bin in Seminar- und Kolloquiumsdiskussionen auch eher zurückhaltend gewesen. Ich sagte später zu Claudia Huerkamp: ‹Wenn Sie sich auf Webers Begriff von Profession einlassen, geht es immer um die Monopolisierung von Machtressourcen, das sind Gesundheits- oder Rechtskenntnisse oder Baukenntnisse usw. Da versucht man, die Ausbildung zu monopolisieren usw.› Im praktischen Betrieb, bei den wirklich auffällig guten Arbeiten, da spielte Weber explizit eigentlich keine große Rolle. Deshalb ist das auch in gewisser Hinsicht eine Stilisierung oder Entstellung, wenn man das jetzt nachträglich als Webersche Kaderschmiede bezeichnet. Denn daß jemand sich längere Zeit für ihn interessiert hat, das war bei den meisten nicht der Fall.

Was faszinierte in der praktischen Arbeit des Historikers so sehr an Weber?

Bei mir kam mit dem Lesen und Einarbeiten in Probleme immer wieder eine sich wiederholende Erfahrung. Da dachte ich z.B. in den frühen 80er Jahren, ich müßte auch einen Abschnitt über Feudalismus schreiben. Selbst ein Historiker wie Eberhard Weis sagt, der reiche doch bis in die Reformzeit, erstaunlich lange. Nach der historischen Fachliteratur habe ich mir dann noch einmal die Feudalismustexte von Weber angesehen. Da war alles drin, alles. Er hatte es alles nach Sachgesichtspunkten sortiert, was da eine Rolle spielte in einer Gesellschaft ohne hochentwickelte Kommunikationsmöglichkeiten, in welcher der persönliche Vertrauensvorschuß an den Adligen vor Ort die Kommunikation ersetzen muß. Da bin ich fast entsetzt zu Klaus Schreiner, unserem Mediävisten gegangen. Er sagte, ‹das ist so, ich weiß das›. Er war ein geheimer Weber-Liebhaber, sonst hätte er auch nicht mitgemacht bei der Edition der Weberschen Gesamtausgabe. Es sei nur ein Wort falsch, nämlich daß Weber an einer Stelle gesagt habe, ‹vor allem wurden «die Panzerreiter» mit Lehen ausgestattet›. Er sagte, der Feudalismus verkörpere im Prinzip, wie durch Loyalität gesellschaftliche Strukturmuster entstehen. Das finde ich auf der einen Seite imponierend, aber auf der anderen Seite auch etwas deprimierend, wenn jemand in Heidelberg sich am Anfang des Jahrhunderts hinsetzt und zusammenschreibt, was er darüber gelesen hat. Und dann sagt einem ein sehr guter Kenner, denn mein Respekt vor Schreiner ist im Laufe der Zeit immer mehr gewachsen: ‹Ich habe dazu so viele Seminare gemacht, das hat der Mann damals alles richtig gesehen.› Das war auch mein Eindruck.

Oder bei der Herrschaftstypologie, wenn man merkte, was für ein begnadeter Einfall es war, nicht mit Aristoteles nach den drei Herrschaftsformen zu fragen, sondern nach ihrer *Legitimations*basis. Hinterher sind das Kinkerlitzchen, aber diesen Einfall einmal zu haben … Da kam ein Aha-Erlebnis nach dem anderen. Dann haben wir alle den Objektivitätsaufsatz gefressen, immer wieder. Das letzte Mal habe ich ihn im Proseminar 1989 traktiert; damals fragte mich ein Student immer wieder, wo denn ‹der Mensch› bleibe. Ich habe ihm geantwortet, er müsse sich diese Naivität abgewöhnen, wir redeten jetzt über neukantianische Erkenntnistheorie.

Sind es letztlich nicht ein paar Schlüsseltexte? Der Objektivitätsaufsatz; die Herrschaftssoziologie, und zwar die spätere kurze Fassung im ersten Teil von «Wirtschaft und Gesellschaft»; dann die paar Seiten über Stand und Klasse. Die Religionssoziologie mag immer präsent gewesen sein, aber sie tauchte nie als Inspiration für historische Problemstellungen auf.

Ich habe Webers Texte mehrfach gelesen. Letztlich zählte der Gesamteindruck, in theoretisch-methodischer Hinsicht sicher am meisten der Objektivitätsaufsatz.

Keine Rolle spielte aber der Anfang von «Wirtschaft- und Gesellschaft» – die methodischen Grundlagen, die ersten sieben Seiten. Das hätte ja zum methodologischen Individualismus geführt.

Ich weiß nicht, wie oft ich die gelesen habe, aber solch eine Lektüre setzt sich ja keineswegs immer konsequent durch. Ich habe ja auch nie die Weber-Philologie mitgemacht, sondern eher die Gedanken im Steinbruch der Weberschen Werke gesucht, ganz auf die Anwendung in der eigenen Arbeit konzentriert.

Es gab in der ‹Bielefelder Schule› eine Entgegensetzung von ‹Erklären› und dem ‹Verstehen› des Historismus. Doch «Wirtschaft und Gesellschaft» beginnt mit der Zielsetzung, «soziales Handeln deutend verstehen und dadurch in seinem Ablauf ursächlich zu erklären».

Das ist ja auch gut historistisch. Das hätten Droysen und Dilthey im Grunde sofort unterschrieben. Unser Gegner war ein seichter Neohistorismus, den Meinecke, der ein kluger Mann war, nicht verbesserte, denn er war der Meinung, wenn man Humboldt oder Clausewitz oder wen auch immer ‹verstehe›, dann verstehe man den historischen Kontext, in den dieser Mann eingebettet war. Schieder hatte ja den großen Vorzug, daß er einen wirklich Satz für Satz durch Droysen jagte, warum der ‹Verstehen› so groß schreibe. Dagegen war im Korps der deutschen Historiker der 1950er und 60er Jahre die Erklärung erstaunlich zurückgetreten. Das blieb denkbar unbefriedigend, wenn man von der ‹Sonderwegs›-Hypothese ausging oder eine andere Erklärung suchte, wie es zu 1933 gekommen war. Die Älteren sind ja auch alle am ‹Verstehen› von etwas gescheitert, was sie im Grunde genommen als Sprengung ihres Kulturkreises und von Traditionen empfanden, in denen sie groß geworden waren. Bei uns war jedenfalls das Bedürfnis da, daß man sich davon absetzen müßte. Oexle hat einmal vor ein paar Jahren völlig zu Recht gesagt, wir hätten an sich die Verstehenslehre stark machen müssen, dann hätten wir uns auch nicht mehr davon absetzen können. Das tat Nipperdey natürlich. Er meinte, wenn man angemessen versteht, impliziere das immer eine Erklärung, und man kann das auch in einer freundlicheren Sprache ausdrücken, als wir das taten. Aber das waren die damaligen Frontstellungen, daß man das Gefühl hatte, diese Verstehensbereitschaft sei an eine bestimmte Grenze gekommen und gescheitert, mit ihr lasse sich nicht das höhere SS-Führerkorps erklären. Da müsse man noch andere Ansätze haben. Deshalb kam es zu dieser Privilegierung von ‹Erklären›. Sie kam natürlich auch daher, daß in den systematischen Sozialwissenschaften, in der Soziologie und Politikwissenschaft, ‹erklären› größer geschrieben wurde, weil dort die Hermeneutik fehlte. Ich glaube, daß das im allgemeinen so war. Bei Jürgen Kocka und bei mir bin ich sicher.

In welcher Weise unterscheidet sich ‹Erklären› als Erkenntnisoperation von ‹Verstehen›?

Man sucht beim Erklären explizit nach kausal-funktionalen Ursachen, die eine Handlung, einen Prozeß überzeugend erklären. Dagegen tritt das zentrale Element des Verstehens, die Intuition (wie geschickt sie auch sein mag), zurück.

Wilhelm Hennis ist der Auffassung, daß Webers zentrale Fragestellung die nach dem Menschentyp ist, den bestimmte Ordnungen hervorbringen. Ist das eine Form, wie man ‹Verstehen› und ‹Erklären› miteinander verbinden kann?

Ich habe Hennis damals verschlungen und fand auch einige Partien sehr überzeugend. Aber das hätte uns nicht gereizt – die Frage nach einem okzidentalen Menschentypus, der bestimmte Institutionen hervorbringt und trägt. Vor allem kann man einen Kopf wie Weber nicht auf eine einzige Hauptfrage reduzieren.

Aber steckt das nicht in der «Gesellschaftsgeschichte», ohne daß es explizit gemacht wird? Etwa mit der Leistungsbereitschaft im ‹Dritten Reich› und wie diese dann nach 1945 entpolitisiert und gesellschaftlich folgenreich wird. Das ließe sich doch genau in diesen Weberschen Kategorien beschreiben; die «Gesellschaftsgeschichte» führt es empirisch überzeugend aus, ohne es theoretisch in diese Begrifflichkeit zu fassen.

Am Schluß steht ein bestimmter Typus von Leistungsfanatiker. Aber ich habe die Hennis-Frage vorher nicht gesehen und sie hätte mich auch damals nicht gereizt, das wäre mir zu verschwommen vorgekommen, was ich mir da unter Menschentypus hätte vorstellen sollen. Manchmal habe ich Webers Texte hintereinander gelesen: die «Religionssoziologie», dann die «Wissenschaftslehre», aber dann wieder immer nur Abschnitte. Ich habe mich ein paar Mal durch «Wirtschaft und Gesellschaft» gequält und mich auf mein gutes Gedächtnis verlassen. Es ist aber irreführend, wenn man glaubt, man behielte diese abstrakten Passagen.

Wie ist es denn mit Theoriekonkurrenten, die in den 60er und 70er Jahren schon vorlagen? Durkheim zum Beispiel

Durkheim habe ich nur gelesen, weil König ihn sehr liebte und auch herausgegeben hat. Damit konnte ich nicht viel anfangen. Einer, den wir alle geradezu gefressen haben, war Otto Hintze. Das war auch ein Ultimatum bei Schieder, daß man Hintze kennen müßte. Manchmal verlief das sehr selektiv: Je nach Interessenlage dachte man, Schumpeter ist doch nicht nur ein sehr kluger Ökonom, sondern auch ein Sozialökonom. Dann gab es eine Phase, da waren wir alle Gerschenkronianer, weil wir an seiner Industrialisierungstheorie interessiert waren und das schlichte Denkmodell doch sehr gut in historische Erfahrungen übersetzbar war. Ich habe damals in der frühen Phase Troeltsch durchgeackert. Aber eigentlich wegen der Frage nach den Berührungspunkten mit Weber oder wo er sich unterschied. Dabei habe ich nicht herausbekommen, ob das lohnende Unterschiede waren. Droysen hing mir damals zum Halse heraus nach den Exerzitien bei Schieder. Dann habe ich nochmal Dilthey gelesen, er kommt einem aber, jedenfalls ging das mir so, ziemlich wolkig und wässerig vor. Die Grundgedanken hätte man schon knapper ausdrücken können. Dann gab es diese Phase mit dem jungen Marx. Ich kann aber ziemlich genau sagen, daß sie kein Erweckungserlebnis war, sie trat dann wieder zurück.

Warum nicht der spätere Marx, der Marx des Kapitals?

Den fand ich ungemein dogmatisch angelegt. Sobald ich eingearbeitet war, gefielen mir auch die wirtschaftshistorischen Teile nicht. Er hat damals intensiv gearbeitet, aber so kann man das heute nicht mehr sehen. Dann waren wir auch alle voll antikommunistischer Vorbehalte, auch eine Abwehr gegen die Marxkreise, welche die linken Studenten bildeten. Ich erinnere mich noch an einen damals jungen Historiker, der in Berlin vor seiner Kellerwohnung ein großes Plakat plaziert hatte: ‹Zentralinstitut für Marxismus›. Aber bei keinem einzigen von uns spielte das eine Rolle.

Woher rührt Ihre Abneigung gegen Michel Foucault?

Mir widerstrebt zutiefst die Dogmatik seiner politischen Überzeugungen: von der KPF über Mao schließlich zum Chomeini-Verehrer. Ich halte auch seine düstere Vision von der Kerkergesellschaft für irreführend. Und wo immer ich ihn historisch kontrollieren kann, führt er in die Irre.

Der Einzige, der später bei Ihnen die gleiche Ebene als theoretische Leitfigur erklommen zu haben scheint, ist Bourdieu. Er ist ja mit Weber vergleichbar, allerdings ohne die Präsenz der historistischen Verstehenstradition, die für Weber selbstverständlich war.

Das war bestimmt ein Grund, weshalb mich Bourdieu so überzeugt hat. Ich hatte die «Feinen Unterschiede» gelesen, aber nur unter dem Gesichtspunkt, wie man eine moderne Sozialstruktur, diejenige Frankreichs, mit einer einheitlichen Begrifflichkeit erfassen kann. Dabei fiel mir dann seine Raffinesse und seine Fusion von Durkheim und Levi-Strauss, von Weber und Marx auf. In gewisser Hinsicht ist Bourdieu auch Weberianer gewesen. Ich bin gespannt, wie er überdauern wird, wie dieses ungeheuer vielseitige Werk sich auswirkt. Je mehr ich damit umgegangen bin, um so mehr dachte ich, daß die verschiedenen Kapitalsorten: das ökonomische, soziale, symbolische und kulturelle Kapital, wirklich weiterführen. Man hat eine einheitliche Begrifflichkeit, und auch der Habitusgedanke ist ganz vorzüglich, weil er eben auch klassenspezifisch oder geschlechtsspezifisch zugeschnitten werden kann. Sein Bändchen über «männliche Herrschaft» finde ich nicht so überzeugend; es ist eine Revision seiner älteren Vorstellungen.

Konnten Sie mit Norbert Elias etwas anfangen?

Ich habe Elias gelesen und mir gedacht: Er hat aufgehört, Historiker zu lesen, die nach den 1880er Jahren publiziert haben. Nichts ist da von Hintze z.B. Elias hatte eine Haßliebe, was Weber anging. Er war natürlich mit ihm in Berührung gekommen. Ich fand bei ihm auch seine Schematik wenig überzeugend. Das habe ich Elias wohl spüren lassen, als er hier im ZiF wohnte, und er merkte das auch. Ich habe ihn ein paar Mal eingeladen zum Kolloquium, das machte er sehr gut in seinem hohen Alter, er redete frei über Probleme der Deutschen. Aber es war eigentlich alles sehr antiquiert, und Heinrich Manns «Untertan» wurde für die bare Wirklichkeit genommen. Ich war dann etwas verwundert und gleichzeitig hoffnungsvoll, als Elias seine kurzlebige Renaissance unter den Soziologen hatte und Suhrkamp gar nicht schnell genug nachdrucken konnte, weil die Großtheorien á la Luhmann, Habermas, Weber, Marx zurücktraten. Auf einmal wollten alle nur noch über Elias reden. Es hat hier in Bielefeld aber keiner – außer ein paar passenden Zitaten – mit ihm ernsthaft gearbeitet.

Für Luhmann und die Systemtheorie konnten Sie sich nie erwärmen?

Ich habe Luhmann gelesen, aber irgendwie habe ich eine Sperre gehabt. Ich hatte nie das Gefühl, daß die Historiker bei ihrem Reflexionsgrad und ihrem empirischen Problem damit arbeiten können. Es ist auch ein gewalttätiger und anmaßender Versuch, die Welt in der Sprache der Systemtheorie neu zu erfinden. Dabei konnte er klar und präzise historische Konstellationen analysieren. Wir hatten immer jeden Monat am ersten Montagabend ein interdisziplinäres Kolloquium. Da haben wir auch über die ‹Machtergreifung› geredet, und Koselleck trat einen Höhenflug an, dem konnte man nur sehr mühsam folgen. Da saß Luhmann da und sagte: ‹Ich würde das ganz anders angehen. Gehen wir doch mal von der Wahlsoziologie der späten Weimarer Republik aus.› Dann hatte er das im Nu präsent: Machtverschiebung im Parlament, kann man es riskieren, die größte Macht lange außen zu halten, soll man Hitler einbeziehen, kann man ihn zähmen usw. Das war alles so erfrischend nüchtern und nah an dem, wie es dann auch Falter darstellte. Später habe ich mein Abneigungsgefühl bestätigt gefunden. «Gesellschaft der Gesellschaft» – das kann ich nicht übersetzen in die Probleme, die mich interessieren.

Wenn Sie resümieren sollten: Welche Rolle haben Modelle und Theorien und damit auch einzelne Ideenspender für Ihre eigene Arbeit als Historiker gespielt?

Das hing ganz vom Projekt ab. Bei «Bismarck und der Imperialismus» war es Weber mit seiner Legitimationsproblematik und als Vorbild Hans Rosenberg mit seinem Plädoyer für eine historische Konjunkturanalyse. Beim «Amerikanischen Imperialismus» war es der Historiker William A. Williams.

Bei dem Bändchen über «Nationalismus» wurde es wieder Weber, aber auch Anthony Smith und Benedict Anderson. Für die «Gesellschaftsgeschichte» habe ich primär auf Webers Anregungen, aber auch auf Modelle oder heuristische Ansätze ziemlich eklektisch zurückgegriffen, die mir weiterzuführen schienen. Einheitliche theoretische Stringenz war eigentlich nie mein Ziel.

VI. «Arbeiten, um überholt zu werden?» – Das eigene Werk

Ihre Dissertation beschäftigt sich mit der deutschen Sozialdemokratie und ihrem Verhältnis zu Nationalstaat und Nationalitätenfrage. Wie kamen Sie zu diesem Thema?

1958 habe ich mich exmatrikuliert. Es gab dann ein langes Palaver mit Schieder, der mich unbedingt auf Clausewitz festlegen wollte – ich wollte aber keine ideengeschichtliche Interpretation übernehmen. Als wir dann schon bei ihm im Flur standen, sagte er: ‹Ich traue mich ja kaum zu fragen, aber ich habe schon dreimal das Thema vergeben: Sozialdemokratie, Nationalstaat und Nationalitätenprobleme, und immer kommen die Leute nach einem halben Jahr und sagen, darüber gebe es nichts. Ich erlebe gerade, wie bei Hans Rothfels der Bruder von unserem Mommsen ein riesiges Feld untersucht: die österreichische Sozialdemokratie und die Nationalitätenprobleme. Aber das kann auch in Deutschland nicht untergegangen sein, schon weil es drei Millionen Polen gab.› Das Thema, das Schieder mir dann vorschlug, verband sein Interesse an Parteiengeschichte mit dem an Nation und Nationalismus. Ich sah das als Herausforderung an und dachte, wir wollten doch mal sehen, ob es da wirklich nichts gibt. Dann habe ich sehr breit bibliographiert und mich eingelesen und stellte fest, man kann über Elsaß-Lothringen und Schleswig-Holstein schon einiges schreiben. Aber das wirkliche Problem waren die Millionen preußischer Polen. Dann habe ich an die Archivdirektoren der Staatsarchive in den ehemaligen deutschen Ostgebieten geschrieben und bekam auch sehr freundliche Antworten. Eine kam aus Allenstein. Da schrieb der Direktor, bei ihm sei nichts, es sei alles vernichtet worden. Aber ich sollte einmal nach Warschau schreiben. Es genügte, wenn ich schriebe: Oberschlesische Straße 18. Postwendend bekam ich einen Eilbrief aus dem Zentralkomitee. Dort gab es einen Historiker, Daniszewski, der für die Universitäten zuständig war. Er war völlig verblüfft, wie er mir dann später sagte, daß jemand aus Westdeutschland sich für Rosa Luxemburg und ihre Partei interessierte. Da sie gerade von den Russen sämtliche Archivalien, welche die polnische KP beträfen, zurückbekommen hätten, sei ich herzlich eingeladen. Damit ging ich zu Schieder, und der sagte ziemlich kühl: ‹Sie haben doch Spaß an Sprachen, lernen sie doch polnisch, so schwer ist das nicht, ich habe das auch mal versucht. Und dann fahren sie hin, ohne polnisch geht das doch nicht.› Folgsam wie ich war, habe ich sofort mit einem Polnisch-Crashkurs angefangen. Dann kam 1958 die Berlinkrise, und ich fragte mich, wie lange das Fenster noch offen bleiben würde. Nachdem Daniszewski mir wieder geschrieben hatte: ‹Schön, daß Sie endlich kommen, ich schicke ihnen ein Visum an die Militärmission in Berlin›, bin ich dorthin, habe ein Vierteljahr in Warschau im Archiv gearbeitet und dann noch ein paar Monate in Krakau und Breslau. 1960 habe ich die Diss. geschrieben.

Danach haben Sie das Buch über den amerikanischen Imperialismus geschrieben. Sollte das nicht eigentlich die Habilitationsschrift werden?

Eigentlich schon, ja. Ich war 1962/63 in Amerika und habe da, weil die Archive von morgens bis Mitternacht geöffnet waren, gewühlt. Als ich wieder zurück nach Deutschland kam, habe ich die Arbeit geschrieben, ca. von November 1963 bis zum

Mai 1964. Aber aus dem Verfahren wurde nichts. In der Habil-Kommission hieß es dann, so könne man nicht mit einem politischen Verbündeten umspringen. Schieder druckste mir gegenüber herum und fragte mich, ob das denn so bleiben müßte. Ich war völlig überarbeitet und bekam die Überarbeitung nicht zustande. Also bin ich, nachdem ich mich erholt hatte, Anfang 1965 auf das Thema «Bismarck und der Imperialismus» übergeschwenkt. Das konnte ich relativ schnell machen, weil ich die Literatur kannte. Ich war dann erstmals im Archiv in Potsdam und Merseburg, für ein paar Monate, und habe die Arbeit danach geschrieben.

Was ich nicht wußte, war, daß auch sie in der Kommission auf tiefe Bedenken traf: So könne man den großen Mann nicht als Getriebenen schildern. Das hat mir Schieder damals aber nicht gesagt. Er hat aber darauf bestanden, daß das Kolloquium angesetzt wurde. Ich legte drei Vorschläge für den Vortrag vor, sie wurden abgelehnt. Schieder sagte: ‹Das ist zwar ungewöhnlich, aber machen sie drei neue Vorschläge.› Dann habe ich sie eingereicht, sie wurden wieder abgelehnt. Das kam mir schon etwas merkwürdig vor. Schließlich habe ich nochmal drei eingereicht, als dritten Vorschlag «Clausewitz und Ludendorff: Vom absoluten zum totalen Krieg». Das wurde genommen. Ich fragte Schieder, warum ausgerechnet dieses Thema angenommen wurde. Er sagte: ‹Die Herren haben alle gesagt, das haben wir doch mal auf der Offiziersakademie gelernt, was man mit Clausewitz anfangen kann. Da können wir doch mal sehen, was er weiß.› Ich ging also ins Kolloquium; Eugen Rosenstock-Huessy, dessen Assistent ich während seiner Kölner Gastprofessur gewesen war, hatte mir noch gesagt: ‹Die letzte Chance, ein freier Mensch zu werden, ist, im Habilkolloquium frei zu sprechen. Wenn Du da vorliest, bist Du auf ewig verloren.› Er liebte diese Dramatik. Also habe ich meinen Vortrag mit Hilfe von ein paar Stichworten gehalten. Dann kamen normale Fragen, aber schließlich dauerte es immer länger. Ich habe das aber gar nicht gemerkt, weil ich im Prinzip sehr gerne diskutiere. Aus dem Augenwinkel habe ich gesehen, daß links von mir Schieder allmählich einen roten Kopf bekam. Ich sah auf die Uhr, da war mehr als eine Stunde vorbei. Die Durchschnittsdauer des Kolloquiums war sonst zehn Minuten. Da meldete sich Rubin, der Byzantinist. Er war ein leidenschaftlicher Verehrer von Rudolf Heß und sprang jedes Jahr mit dem Fallschirm ab, um an Heß zu erinnern. Er sagte: ‹Ludendorff mußte doch zum totalen Krieg übergehen, weil die bürgerliche Gesellschaft im Krieg völlig versagt hatte.› Ich gab ihm contra, was ihn ärgerte. Da tat er dann den Spruch: ‹Ich verstehe das ganz und gar nicht, denn der totale Krieg ist ja erst durch die Atombombe des Juden Albert Einstein ermöglicht worden.› Da habe ich erwidert: ‹Herr Rubin, ich bedauere sehr, daß wir uns nicht im Wahlkampf in der Schildergasse begegnen, aber jetzt will ich ihnen mal folgendes sagen.› Daraufhin hob Schieder den Arm hoch in Richtung des Dekans, der darauf sagte: ‹Die Diskussion hat uns genügt.›

Dann ging ich raus, draußen standen meine Frau, Hans Rosenberg, Wolfgang Mommsen u.a. Drinnen gab es eine Debatte, als erster sagte ein Mediävist: ‹Da sehen sie es, kein Respekt vor einem älteren Kollegen.› Schieder hat sich das eine Zeitlang angehört, hat dann die Häupter seiner Lieben gezählt, es gab noch die große Fakultät mit 87 Mitgliedern. Einige waren aus Empörung gegangen, weil sie merkten, was da ablief. Schieder holte sie zurück zur Abstimmung. Dann gab es das Ergebnis: 42 dagegen, 44 dafür. Schließlich ging die Tür auf, und Schieder kam krebsrot heraus und sagte mir, ich solle doch reinkommen. Da stand der Dekan, ein bekannter Pädagogikprofessor, und sagte: ‹Im Namen der Fakultät teile ich Ihnen mit, daß das Kolloquium unseren Ansprüchen genügt hat, aber ich bitte sie, morgen früh um 10 Uhr in das

Dekanatszimmer zu kommen.› Am nächsten Morgen ging ich zum Dekan, der zu mir sagte: ‹Ich muß Ihnen mitteilen, daß Sie zwar das Verfahren bestanden haben, aber daß die Kommission nicht wünscht, daß die Arbeit gedruckt wird.› Da habe ich erwidert: ‹Wir haben jetzt Mai, ich gehe den Text nochmal durch, aber ich werde ihn bei Kiepenheuer und Witsch drucken, Sie kriegen dann eines der ersten Exemplare, wenn die Messeexemplare fertig sind.› Er sagte: ‹Ich kann nur hoffen, daß sie den Wunsch der Kommission respektieren.› Darauf ich: ‹In diesem Falle nicht›, und bin gegangen. Das waren meine Erfahrungen mit dem Kölner Verfahren. Danach lud Karl Dietrich Bracher Renate und mich ein, Peter Gay war auch da. Ihnen habe ich diese Geschichte erzählt. Bracher wurde böse und sagte: ‹Und da war keiner da, der diesen Mann auf schwere Säbel gefordert hat? Man ist ja gegen die Korporierten, aber so etwas ein paar Jahre nach dem Krieg zu sagen über den Juden Albert Einstein?› Das eigentlich Beklemmende war: Es war ein verwaltungsrechtlich normiertes Verfahren und da kam man mir mit Einstein und der Atombombe, und keiner stand auf und sagte: ‹Herr Dekan, ich bitte um Unterbrechung oder um Beendigung der Diskussion.›

Sie haben in den 1960er Jahren in Anlehnung an Eckart Kehr die These vom ‹Primat der Innenpolitik› vertreten. Wie stehen Sie in der Retrospektive dazu?

Diese ganze Diskussion kam daher, daß ich es in Amerika 1962/63 leid hatte, von morgens acht bis abends acht nur über den amerikanischen Imperialismus zu arbeiten. Mir hatten einige Kehrsche Aufsätze sehr gut gefallen, auch das Schlachtflottenbuch. Dann habe ich meine Fühler ausgestreckt. Fraenkel schrieb mir, er habe vorgehabt, die Kehrschen Studien zu sammeln, doch der FU-Betrieb verschlinge ihn. Aber er wünschte mir viel Glück und wollte mir helfen. Er sagte mir noch, daß Alfred Vagts, der 1933 emigriert war und die Tochter von Charles Beard geheiratet hatte, sich um den sterbenden Kehr gekümmert und auch noch Unterlagen von ihm habe. Da bin ich zu Vagts gefahren und habe dort alles gesammelt. Dazu entdeckte ich, daß es noch eine Schwester von Kehr gab, die ein Gymnasium leitete. Sie hatte auch noch einige Unterlagen. Ich fand Kehrs Position als Widerspruch gegen den Primat der Außenpolitik reizvoll, der damals noch in einer doktrinären Form vertreten wurde. Die Kehr-Aufsätze schlugen ein unter den Jüngeren. Dann gab es den Widerspruch von Hillgruber und anderen. Eigentlich habe ich dann 1977 den geordneten Rückzug in einem Aufsatz angetreten. Ich sagte mir: Der Überraschungsangriff ist gelungen, jetzt kommt alles darauf an, daß man die Interdependenz zwischen äußerem und innerem System herausarbeitet, das wird schwierig genug. Jedenfalls hatte dieser intellektuelle Streit damals schon etwas Belebendes. Natürlich steckte auch in der Vorentscheidung, nicht etwa über ‹Deutschland im internationalen System der Mächte› zu schreiben, sondern über die ‹Gesellschaftsgeschichte›, immer auch eine Anerkennung der Vorrangigkeit der inneren Entwicklung. Insofern ist das – immer noch – eine Gegenposition zum Transnationalen heute.

Wie würden Sie heute andere wesentliche Interpretamente Ihrer früheren Bücher beurteilen? Etwa den ‹Sozialimperialismus› und die ‹Sammlungspolitik›?

Der ‹Sozialimperialismus› deutete auf der Linie von Webers Legitimationslehre die Expansion als Legitimationsstrategie eines jungen, umstrittenen Staates. Das leuchtet mir bis heute ein. Die ‹Sammlungspolitik› muß man zwar inzwischen differenzierter sehen als in den 60er und 70er Jahren. Doch bei wichtigen Entscheidungen gab es nicht nur die inzwischen herausgearbeiteten Unterschiede zwischen Großindustrie und Agrariern, sondern auch Kooperationsformen bis zum Herbst 1918, die man durchaus als Variante der Sammlungspolitik bezeichnen kann.

Am Ende der 1970er Jahre, also vor der «Gesellschaftsgeschichte», hätte man gesagt: Hans-Ulrich Wehler ist ein Historiker des Deutschen Kaiserreichs und des Imperialismus. Es lagen vor: die Diss. über «Sozialdemokratie und Nationalstaat», die Habil. über «Bismarck und den Imperialismus», das Buch über den Aufstieg des amerikanischen Imperialismus, die «Krisenherde des Kaiserreichs» und natürlich das «Deutsche Kaiserreich». Was hat Sie an dieser Epoche und Thematik so gefesselt?

Die Entstehung der Diss. habe ich geschildert. Das amerikanische Projekt entsprang meinen Interessen am Imperialismus der USA seit meinem ersten Amerikaaufenthalt, aber auch Schieders Maxime, für die Habil. ein anderes Thema als in der Diss., in einer anderen Epoche und in einem anderen Land zu behandeln. Das «Kaiserreich» war das Ergebnis meiner ersten Vorlesung und einer zufälligen Verlagsanfrage. Insgesamt reizte mich am 19. und frühen 20. Jahrhundert die Vorgeschichte von 1933, am Imperialismus die Vorgeschichte des Nord-Süd-Gefälles unserer Tage.

«Das Kaiserreich» von 1973 gesteht im Nachwort, daß die Gesellschaft im Buch nicht hinreichend erfaßt worden sei. War die Arbeit am «Kaiserreich» die Geburtsstunde zur Idee der «Gesellschaftsgeschichte»?

Das bin ich schon mehrfach gefragt worden. Wir waren im Juli 1971 nach Bielefeld umgezogen, als Vandenhoeck mich fragte, weil offenbar ein Autor in der Reihe, die sie planten, ausgefallen war. Ich war ganz bestimmt nicht die erste Wahl des Herausgebers. Ich erklärte mich bereit, eine Gesamtdarstellung des Kaiserreichs zu schreiben, hatte aber nicht viel Zeit, weil in Bielefeld gleich der Betrieb einsetzte. Anhand der Stichworte meiner ersten Vorlesung habe ich bis Weihnachten geschrieben, bin dann im Januar 1972 nach Harvard gefahren und habe das dort auf englisch vorgetragen. Dann habe ich die Fassung, die dabei entstand, an Vandenhoeck geschickt. Beim Schreiben, beim Durchlesen und beim Überlegen, welche Literatur ich vielleicht übersehen hatte, fiel mir auf, daß der im strengeren Sinne sozialgeschichtliche Teil sehr dünn war. Doch die Überlegung mit der Gesellschaftsgeschichte entstand eigentlich, als es den ersten *output* an sozialhistorischen Monographien und Spezialuntersuchungen gab. Damals wollte Jürgen Kocka eine deutsche Sozialgeschichte des 19. Jahrhunderts schreiben. Ich hatte meine Skrupel, ob das mit dieser strengen Fokussierung gehen werde und meinte, ich wolle das einmal in der Erweiterung auf eine Gesellschaftsgeschichte hin probieren. Ich hatte damals keine anderen dringenden Projekte, die abgeschlossen werden mußten. Das «Kaiserreich» war weg, der «Amerikanische Imperialismus» war überarbeitet.

Wenn man das «Kaiserreich» liest, fällt auf, wie wenig der Begriff Gesellschaft auftaucht und wie sehr Politik und Obrigkeitsstaat im Vordergrund stehen. Das ist noch ganz die alte, konventionelle Terminologie. Gerade deshalb entsteht durch das Nachwort der Eindruck, damals sei erkannt worden, welche Leerstellen es in der Forschung gebe.

Als ich überlegte, ob ich das Angebot des Verlags annehmen sollte, sagte damals Thomas Nipperdey, ich solle die Finger davon lassen, er mache das ausführlicher und sei im nächsten Jahr fertig. Ich sagte, seine Position sei mir ja bekannt, dann könne ich eine eindeutige Gegenposition entwickeln. Sie hing sehr ab von dem vorrangigen Interesse an Politik und Ökonomie, das uns in den späten 60er Jahren umtrieb. Unter dem Zeitdruck, außer all den neuen Bielefelder Aufgaben dieses Manuskript schnell fertig zu kriegen, habe ich mich strikt an die einmal gewählte Gliederung gehalten, war aber innerlich fest davon überzeugt, daß das Buch, wenn Nipperdey und Zmarzlik, der auch an einer Kaiserreichgeschichte saß – von beiden hatte ich eine hohe Meinung –, im nächsten Jahr fertig wären, das eben ein Beitrag zu einer Debatte sei, die dann weiterlaufen werde. Daß das dann bei Nipperdey elf Jahre dauern würde und daß Zmarzlik resignierte und ganz aufhörte, konnte man nicht vorhersehen.

Welcher Gesellschaftsbegriff war bei der Konzeption der «Deutschen Gesellschaftsgeschichte» prägend?

Ich wollte das nicht so angehen, wie mancher damals die Sozialgeschichte als Sektorwissenschaft anging. Zwar wollte ich die enge Kopplung zwischen Wirtschaft und Gesellschaft zu einem Leitthema machen. Man kann sagen, das war das Konventionelle an der Überlegung, daß man einen aufgeklärten Materialismus brauche, daß man Wirtschaft und Bevölkerungsbewegung ganz ernst nehmen und herausfinden müsse, welche Rolle bestimmte gesellschaftliche Formationen spielen. In Deutschland geht das in aller Regel nicht ohne die Berücksichtigung des politischen Herrschaftssystems. Am Anfang des Studiums war ich überfüttert worden mit Ideengeschichte, von Machiavelli bis Schiller, von Hegel zu Clausewitz und so fort. Ich dachte, wie damals alle, so gut wie Schieder kriegen wir das kaum hin. Im Hinblick auf die Kultur wollte ich aber wenigstens die kulturellen Institutionen behandeln. Ich dachte damals im wesentlichen an Schule, Universität und Kirchen. So ist es dann später auch geworden. Ich hatte zunächst einen lebhaften inneren Kampf gegen die Webersche Vorstellung auszutragen, daß man mit solchen Pauschalbegriffen wie Gesellschaft nicht arbeiten solle. Aber ich glaubte, ohne sie könne ich mich nicht verständlich machen. Ich muß dem Leser, wenn diese Synthese überhaupt ernst genommen werden soll, mit relativ kompakten Formationen kommen. Ich habe dann versucht, die ganze Frage am Anfang aufzulösen und zu sagen, es gibt am Ende der Frühen Neuzeit relativ geschlossene städtische Gesellschaften und regionale Formationen, und der Gesellschaftsbegriff paßt nicht nur auf die erst spät entstehende reichsdeutsche Gesellschaft. Damals hätten Leute bei Befragungen spontan gesagt: Ich bin sächsischer Handwerksmeister oder bayrischer Beamter etc. Es war von Anfang an der Versuch, mit den vier Dimensionen ein überschaubares Gitternetz zu erhalten, das man über die Realität stülpen konnte.

Man sollte wohl explizit das Recht als weitere Achse berücksichtigen. Das ist ein Argument von Dieter Grimm, das ich nicht entkräften kann. Man kann es, wie ich es getan habe bei der Diskussion der Reichsverfassung oder der Weimarer Verfassung, an das Herrschaftssystem binden. Der Langzeittrend ist eine zunehmende Verrechtlichung von Gesellschaft, und Rechtsnormen spiegeln einen bestimmten Status quo und eine bestimmte Auffassung von gesellschaftlicher Ordnung wider, gleichzeitig beeinflussen sie aber auch künftige Entwicklungen. Das preußische Landrecht ist ja eminent vieldeutig und läßt auch Möglichkeiten der Entwicklung offen. Wenn jemand jetzt eine Gesellschaftsgeschichte des Kaiserreichs oder der Weimarer Republik in Angriff nähme, würde ich ihm sagen, er solle das Rechtsargument ganz ernst nehmen. Vielleicht muß man es auch nicht durchhalten, aber daß man das Recht neben der Wirtschaft und den gesellschaftlichen Formationen strenger analysieren und dann aus deren Zusammenspiel die soziale Ungleichheit in einer Gesellschaft erläutern muß, ist unstrittig. Im Grunde war das eine pragmatische Entscheidung, nicht den radikalen Individualismus Webers zu übernehmen. Weber stellt sich Gesellschaft aus Millionen Pünktchen von Individuen vor, darüber stülpt er dann die gesellschaftlichen Ordnungen und Mächte, die das unifizieren. Ich habe mir aber nie vorstellen können, wie ich das in dieser Form schreiben und es dem Leser näherbringen könnte. So ist eben eine Kompromißlösung zustande gekommen.

Man könnte ja auch kritisieren, daß die «Gesellschaftsgeschichte» das Schwergewicht zu stark auf Sozialstruktur legt. In der Einleitung wird postuliert, daß Gesellschaftsgeschichte im Kern Sozialstrukturgeschichte sei. Was dabei vielleicht zu kurz kommt, ist das, was man in der Terminologie des 19. Jahrhunderts Selbstorganisation von Gesellschaft nennen könnte, also Formen intermediärer Vermittlung, die ganze Dimension von Vereinsbildung.

Ich selber hatte diesen Eindruck nicht. Man hätte natürlich über das Assoziationswesen und das heraufziehende bürgerliche, dann das proletarische Vereinswesen mehr schreiben können. Aber in dem Augenblick, wo sie in der Gestalt von großen Interessenverbänden handlungsfähig werden, da dachte ich, hätte ich ausführlich genug über diesen intermediären Bereich geschrieben. Als der dann kollabiert nach 1933 oder schon etwas vorher, da entsteht ein Vakuum, in das die NSDAP hineinstoßen kann. Nein, ich habe nicht den Eindruck, daß da ein Defizit wäre.

Wie ist das mit den vier Achsen: Politik, Wirtschaft, soziale Ungleichheit, Kultur. Wenn man sich die Einleitung zum ersten Band der «Gesellschaftsgeschichte» anschaut, dann gibt es erst drei Achsen: Wirtschaft, Herrschaft, Kultur. Dann tritt auf einmal die soziale Ungleichheit dazu. Ein Kapitel weiter sind es vor allem Wirtschaft, Politik, soziale Ungleichheit. Woher kommen diese Achsen und wie werden sie gewichtet? In der Einleitung der «Gesellschaftsgeschichte» wird – erst mal theoretisch – eine Gleichrangigkeit postuliert.

Weil es von der historischen Konstellation abhängt, ob z. B. eine akademisch geschulte Beamtenschaft im Staatsbildungsprozeß entsteht. Das kann man ja nicht als autonome Entwicklung beschreiben. Dann wollte ich mir offenhalten, wohin der Schwerpunkt wandert. Ich dachte, es geht partout nicht, soziale Ungleichheit nur zu binden an Entwicklungsgesetze des Kapitalismus oder wie auch immer man Wirtschaft charakterisieren will. Man muß das politische Herrschaftssystem dabei haben und man muß – weil man am Bildungsbürgertum lernen kann, wie ein bestimmtes kulturelles Selbstverständnis sich auswirkt – Kultur mit dabei haben. Deshalb ist das mit der sozialen Ungleichheit so schwierig. Habermas vertrat einmal die Maxime: Es gehe um Arbeit, Herrschaft, Sprache. Das seien die drei Grunddimensionen, aus deren Zusammenspiel Geschichte entstehe. Da sehe ich noch keinen Zwang, a priori zu gewichten. Ich frage mich jedesmal, wenn ich eine neue Einleitung zu einem Band schreibe: Was muß ich von den vorhergehenden Meinungsäußerungen revidieren? Und eines der pragmatischen Probleme einer Synthese, weil man die nicht in einem Jahr herunterschreiben kann, ist immer: Wieviel glaubt man selber noch von den Prämissen, die man anfangs einmal entwickelt hat. Da finde ich, daß ich aus dem Zusammenspiel dieser drei Achsen am ehesten Phänomene der sozialen Ungleichheit erklären kann. Mir sagte das eher zu, so heranzugehen. Und wenn ich etwas konsequent immer mitgelesen habe, eigentlich seit Beginn des Studiums, dann waren das Bücher und Aufsätze zur sozialen Ungleichheit. Dann ergibt sich ein Gesamteindruck nach langem Lesen, wie man sich so einem vertrackten Phänomen nähern soll. Zum Teil war das auch eine Aversion gegen die schrecklichen Vereinfacher von '68, die mit großer Heilsgewißheit wußten, was der Kapitalismus mit den einzelnen Menschen machte, indem er sie in Klassen zusammenfügt. Wie überhaupt meine Skepsis ständig wächst, wenn ich über die späten 60er Jahre schreiben muß. Es ist vielleicht gut, wenn ich noch etwas Zeit habe.

Skepsis hinsichtlich der damaligen Ziele oder der Ansprüche?

In jeder Hinsicht. Ausgerechnet in der Zeit der Großen Koalition und der Sozialliberalen Che Guevara und Ho Chi Min als exotische Heldenfiguren so zu verklären, daß, wenn man etwas dagegen sagte, man in hunderte von haßerfüllten Gesichtern blickte – das ist mir bis heute unerklärlich. Es gibt noch viele andere Probleme. Etwa die Stigmatisierung der 50er und 60er Jahre, in denen alles schon in Bewegung war, die Rechtsreformen z.B., das ist alles in einer Weise in Klischees gefaßt worden, wie es eben einfach nicht stimmt. Oder die Abwertung des Leistungsprinzips. Alle Studenten, die ich aus der Zeit kenne, sind ins höhere Schulwesen und die Ministerialverwaltungen gegangen, und alle hatten anfangs einen Rochus auf Leistung. Der Preis wird jetzt mit PISA gezahlt. Davon bin ich fest überzeugt.

Zurück zu den Achsen. Die Problemzone ist ja die Kultur. Inwieweit kann Kultur als gleichberechtigte Achse fungieren, wenn man sie letztlich auf Institutionen reduziert?

Weil das deutsche höhere Schulwesen und vor allem die Reformuniversität eine enorme Rolle spielen im Staatsbildungsprozeß. Der Staat bildet hochtrainierte Diener an eigenen Institutionen aus. Oder daß im Land der klassischen Konfessionsspaltung die Entartung des Protestantismus zum Nationalprotestantismus, diese frühe Vermählung von Nationalismus und protestantischen Vorstellungen, entsteht, was – wie ich jetzt glaube – bis weit in die 1960er Jahre hineingeht und noch in der Auseinandersetzung mit der Schulderklärung von 1945 sichtbar wird. Da finde ich schon, daß man das am ehesten an Institutionen aufhängen kann. Natürlich sind das zu einem guten Teil pragmatische Entscheidungen. Man könnte beispielsweise im 20. Jahrhundert, weil in Deutschland die Tradition der staatlichen Schulen und staatlichen Universitäten nie unterbrochen worden ist – die paar Ordensburgen in den 30er/40er Jahren zählen ja nicht –, den deutschen Bildungssektor im weiteren Sinne auch zum politischen System und den Sozialisationsinstanzen des politischen Systems rechnen. Dem würde ich auch nicht widersprechen. Meine Erfahrung ist: Wenn man sich einmal auf ein Gliederungsschema festgelegt hat, entsteht ein Sog während der Arbeit und der Vorbereitung. Man sortiert dann die Bücher und die Exzerpte schon unter dem Gesichtspunkt: Soll ich das zur sozialen Ungleichheit packen oder gehört das woanders hin? Das ist vielleicht auch einer der Nachteile. Ich sehe nur nicht, wie man eine Synthese schreiben kann, ohne selber eine relativ klare Vorstellung zu haben und dem Leser zu vermitteln, was das Strukturierungsschema sein soll.

Eine Alternative wäre es ja, die Gesellschaftsgeschichte zu schreiben als Ausdifferenzierung verschiedener gesellschaftlicher Systeme.

Das fand ich nie so hinreißend, weil Luhmann kein Verhältnis zu Macht und Herrschaft hat. Er ist eben nicht zufällig für eine jüngere Juristengeneration interessant, weil sie ihre rechtlichen Baukästchen ganz schnell mit seinen Denkfiguren vereinbaren können. Da ist er natürlich klug und anregend. Aber so, wie er sich die Geschichte der sozialen Schichtung vorstellt, stimmt das vorn und hinten nicht, weil bestimmte Sozialverbände schon sehr viel früher funktional ausdifferenziert sind, als er glaubt. Obwohl er viel gelesen hat, setzt er das alles viel zu spät an. Dann gibt es bei Schluchter und Schwinn Überlegungen gegen Luhmann, die mir völlig einleuchten. Als Strukturierungsschema funktioniert Luhmann für historische Projekte einfach nicht.

Wäre nicht letztlich das Überlegene gewesen, sich von der Suche nach einem einheitlichen Begriff zu verabschieden und eine Konkurrenz von Ordnungen – oder Achsen – zu skizzieren? Eine Folge könnte dann sein, ganz unterschiedliche Konstellationen im 19. und 20. Jahrhundert zu entdecken, in denen jeweils bestimmte Ordnungen prägend waren.

Der Begriff der Achse ist ja vielleicht – da hat man eine stählerne Achse vor Augen – auch irreführend und hat so eine klirrende Eindeutigkeit. Aber die Achsen konkurrieren ja durchaus. Es ist ja nicht so, als ob der Agrarsektor in seinem Mutationsprozeß sich mit der aufsteigenden Industriewirtschaft nicht einen wüsten Kampf lieferte, bis er am Ende der 1950er Jahre völlig an den Rand gedrängt wird. Es konkurrieren ja auch die religiösen Deutungssysteme um Geltungsmacht.

Beim Wechsel der politischen Herrschaftsformen, wo kaum ein Gebiet einen so rapiden Wechsel erlebt hat wie das deutschsprachige Mitteleuropa, ist es ohnehin der Fall. Eins würde ich zugeben: Wenn man die Synthese deutlicher von diesen Achsen, die da gleichmäßig durchlaufen, gelöst und betont hätte, daß je nach der historischen Konstellation auch immer neue Konkurrenzverhältnisse entstehen und das auch näher an die wirkliche Verlaufsgeschichte heranführt, hätte man mehr Flexibilität.

Der Testfall ist ja, wie man Brüche oder Kontinuitäten im 20. Jahrhundert erklärt.

Auch der Begriff der Achse führt an diesem Problem nicht vorbei, meine ich immer. Ich lese ja, was ich geschrieben habe, außerordentlich ungern selber noch einmal. Aber das würde ich schon sagen, daß ich versucht habe, in den einzelnen Teilen Verbindungen aufzuzeigen. Ein Student, der sich dafür interessiert, sollte das Stück auch für sich lesen können, also etwa die Teile über Adel oder Bürgertum. Aber die Frage war immer die, wo sich ein alternatives Schema mit praktischer Überzeugungskraft findet. Bei Braudel finde ich Zivilisation und Kapitalismus verschlungen, das ist ganz diffus. Da expandiert dieses kräftige Europa und erfaßt mit seinen Krakenarmen die ganze Welt; dann hat er ein bißchen Sombart gelesen, von Weber kennt er nur ein paar Sätze aus der Protestantischen Ethik. Es gibt nur die Vielseitigkeit des historischen Geschehens, das hat er natürlich präsent gehabt. Aber es ist überhaupt kein Erklärungsschema da. Die Wallersteinsche Weltsystemtheorie finde ich auch nicht überzeugend. Und für die deutsche Geschichte? Es wäre spannend gewesen, wenn Nipperdey noch gelebt und die Möglichkeit gehabt hätte, einen Band über die Zeit nach 1918 zu schreiben. Ich habe immer versucht, viel zu lesen, aber ich habe weder bei den Historikern noch bei den historischen Soziologen Überlegenes gefunden. Wenn es Michel Mann schon Anfang der 80er Jahre gegeben hätte, hätte ich vielleicht noch ein höheres Schwergewicht auf das Militär und die staatlich organisierte Gewalt gelegt. Aber sonst finde ich Mann nicht besonders innovativ. Bei den Spezialisten für deutsche Geschichte sehe ich keine Gegenidee. Auch all die Reihen, die jetzt erscheinen, sind eigentlich methodisch alle ziemlich konventionell.

Aber gibt es nicht die implizite Setzung in der Gesellschaftsgeschichte, daß es seit dem Anfang des 19. Jahrhunderts eine deutsche Gesellschaft gab? Das ist ja auch die Kritik von John Breuilly, daß die Kontingenz der Situation vor 1866 oder 1870 nicht ausreichend berücksichtigt werde. Die Frage wäre, inwieweit es so etwas wie eine deutsche Gesellschaftsgeschichte vor 1870 geben kann und ob man nicht den Prozeß danach als ‹nation building› verstehen muß.

Es hat mir auch immer sehr eingeleuchtet, wenn ich das aus der Perspektive der Zeitgenossen geschrieben hätte. Dann hätte ich die deutschen Österreicher mit einbeziehen müssen, zumindest was das deutschsprachige Mitteleuropa angeht. Es ist doch für die Mehrheit der Menschen damals ganz klar, daß sie seit 1000 Jahren in denselben Bereich gehören, gemeinsame historische Erfahrungen haben und nur staatlich anders organisiert sind. Wenn man sich überlegt, daß alles daran hing, daß Moltke Königgrätz mit Eisenbahntransporten vorbereitet hatte und die Heeresgruppe Friedrichs sich verspätete – wenn sie weitere vier Stunden später gekommen wären, wäre es dunkel gewesen und die Österreicher hätten gewonnen. Dann, sagte damals Bismarck, wäre ich in Berlin an den Galgen gekommen, denn die Niederlage hätte mir keiner verziehen. Jedenfalls hätte Österreich Mitteleuropa neu organisiert. Es hätte keinen preußischen Nationalstaat gegeben. Danach hätten die Perspektiven für das, was deutsche Gesellschaft genannt werden kann, ganz anders ausgesehen. Insofern ist es der Sog der reichsdeutschen Entwicklung, der mich im Grunde genommen interessiert. Denn ich wollte ursprünglich gar nicht so viel Zeit und Raum bis dahin verbrauchen. Die ursprüngliche Vorstellung war, einen einzigen Band zu schreiben, der Gesellschaftsgeschichte und nicht Verfassungsgeschichte heißen sollte. Dann wurde das unter der Hand unförmig. Aber in Kategorien des kulturellen Zusammenhangs ist es natürlich so, daß sich bestimmte Eigenheiten des späteren kleindeutschen Bereichs herausbildeten. Zum Beispiel diese schöne Karte von 1867: 700 Buchhandlungen im kleindeutschen Reich, drei Jahre später sieben in Österreich, der Zensurbehörde unterstellt. Das Eisenbahnsystem ist auf der Karte von 1867 völlig klar zu erkennen, im kleindeutschen Reich ist ganz wenig dazugekommen. Man hätte das entweder mit einbeziehen müssen oder einen stärkeren Begründungsaufwand treiben müssen, warum man das auf den Nationalstaat zulaufen läßt. Deshalb kann ich auch verstehen, wenn manche bayrischen Kritiker sagen, der Wehler ist ja protestantisch-kleindeutsch und ernsthaft interessiert ihn erst alles seit 1866/67.

Sicher, viel läuft darauf hin. Nur letztlich ist es in den Einigungskriegen dann so, daß die süddeutschen Staaten auf der österreichischen Seite kämpfen.

Ganz sicher, wenn Moltke abgezogen wäre, wie er es vorhatte, da Benedikt die bessere Artillerie, die besseren Gewehre hatte und die Heeresgruppe Friedrich nicht kam, wäre die Schlacht als verloren gebucht worden, und ich glaube nicht, daß eine so umstrittene Figur wie Bismarck das durchgestanden hätte.

Ein Adjutant sagte: ‹Exzellenz, eben waren sie noch der große Schurke, als die Heeresgruppe nicht kam, jetzt sind sie in Berlin der große Mann.› Ich glaube, daß es kontingente Entscheidungen gibt. In solch einem Augenblick entscheidet eben das Kriegsglück oder wie immer man es nennen will. Aber im Prinzip hat John Breuilly einen richtigen Schwachpunkt benannt, daß da zuviel aus der Geschichte des späten 19. Jahrhunderts zurückprojiziert ist auf die frühere Zeit.

Aus der Retrospektive nach über 20 Jahren: Würden Sie die Achsen anders gewichten oder analytisch etwas anders machen?

Ich habe beim letzten Band, wo die Verstaatlichung bestimmter Teile des Kulturbereichs greifbar ist, überlegt, ob ich irgendwie das Schema ändern sollte oder ob ich irgendwie unter Zugzwang gerate durch die Diskussion über die Kulturgeschichte. Aber sie hat selber bisher noch kein Synthesekonzept zustande bekommen. Zur Zeit schreibe ich über soziale Ungleichheit in der Zeit nach 1945, da habe ich einen langen Teil vorgeschaltet über Vermögens- und Einkommensdisparitäten, weil die atemberaubend groß und unglaublich in den letzten zwanzig Jahren gewachsen sind. Das wird aber alles abgefedert, weil in der Sprache der Statistiker das zweite bis vierte Quintil, sozusagen die Mittellagen, auch in einem Fahrstuhleffekt angehoben werden, so daß ihnen relativ egal zu sein scheint, daß nach oben dieser Riesenabstand entsteht, den Richard Tilly schon völlig zu Recht seit den 1890er Jahren entstehen sieht.

Um diese Disparitäten zu unterstreichen, streiche ich dann die relative Starrheit der Eliten heraus, wo nur im politischen System eine Aufstiegsschleuse entsteht. Dadurch verändert sich die Komposition der politischen Eliten. Aber die administrative Elite und die Wirtschaftselite unterliegen elitären

Selbstrekrutierungsprozessen, das ist abenteuerlich. Etwa 60% kommen aus den Familien von höheren Beamten. Sicher hat Joschka Fischer Grüne ins AA geschleust, das ist aber umgerechnet auf den Personalbestand keine nennenswerte Größe. Michael Hartmann hat die dreißig Dax-Unternehmen und die 300 größten deutschen Unternehmen untersucht. Vor 25 Jahren kamen noch etwas mehr als 55 % aus Unternehmerfamilien, jetzt sind es über 80%. Das ist der Selbstrekrutierungsmechanismus auf der Grundlage des Bourdieuschen Habitus. Aber das kann ich unter soziale Ungleichheit subsumieren. Wahrscheinlich werden dann wieder bestimmte kulturelle Strömungen zu kurz kommen. Außer dem prinzipiellen Einwand mit der Rechtsdimension sehe ich noch nicht, was ich jetzt anders machen müßte. Und wenn man von der Kritik von John Breuilly absieht, daß ich der Zeit um 1800 Gewalt antue, weil sie noch offener ist und mehrere österreichische, sächsische, bayerische Gesellschaften konkurrieren und man nicht weiß, wer dann die Dominanz ausüben wird, sehe ich, was die Konzeption angeht, keinen Zugzwang.

Nachdem Sie so kritisch über '68 gesprochen haben: Ist nicht das Schwergewicht, das auf sozialer Ungleichheit liegt, selber ein Kind von '68? Steckt dahinter nicht ein normativer, leitender Wert von sozialer Gleichheit?

Das habe ich immer bestritten, daß das ein Orientierungswert sein kann, weil es Gleichheit nicht gibt aufgrund der unterschiedlichen Ausfertigung der Menschen. Daß man die Chancen für sie verbessern sollte, das ist etwas ganz anderes als diese '68er Idee von sozialer Gleichheit. Ich habe die Beschäftigung mit sozialer Ungleichheit seit den 50er Jahren beim Einlesen in Soziologie und der Auseinandersetzung mit René König verfolgt. Damals kommt schon diese strenge Thematisierung von sozialer Ungleichheit hoch, die den demokratischen Gleichheitsgedanken verletzt, wenn man sie nicht zu korrigieren versucht, dann noch sehr viel schärfer in der Diskussion seit etwa Mitte der 60er Jahre. Damit hängt auch die Aufwertung des Gesellschaftsbegriffs zusammen. Also das ist kein Erbe der '68er Bewegung.

Man könnte auch darauf verweisen, daß in den westlichen Gesellschaften soziale Ungleichheit in sehr unterschiedlicher Form akzeptiert wird. Sie nur negativ zu werten, ist ganz auf den deutschen Horizont bezogen. Was in der «Gesellschaftsgeschichte» fehlt, ist die Frage, in welchen Konstellationen soziale Ungleichheit zu einem gesellschaftlichen Konfliktthema wird. Wäre das nicht eine stimulierende Herausforderung der Kulturgeschichte: Inwiefern löst die Wahrnehmung von Ungleichheit Handlungen aus, die dann zu einer gesellschaftlichen Dynamik führen?

Aber diese Wahrnehmungsproblematik ist doch keine Errungenschaft der neuen Kulturgeschichte. Da hätte der alte Droysen sofort zugestimmt. Das stimmt ja auch, aber ich glaube, daß generelle Dimensionen von Ungleichheit in den westlichen Gesellschaften schon sehr vergleichbar oder strukturell ähnlich sind. Daß wir nicht solche Probleme haben wie in Amerika mit den Afroamerikanern, das ist ja wahr.

Es kann sein, daß man auf eine subtile Weise als teilnehmender Zeitgenosse diese Zeit sehr intensiv wahrgenommen hat. Was mich sehr beeinflußt hat, war der Umstand, daß wir in eine Kleinstadt zugewandert waren. Meine Eltern waren nach Gummersbach gezogen. Das war eine sehr kompakte Kleinstadt, die Außenseiter eigentlich nicht zuließ. Da wußte man genau: Der ist aus einer wichtigen Familie, die haben diese Villa oben am Wald, dem gehört der Betrieb, der ältere Bruder ist mit der verlobt usw. Es gab eine abgehobene Honoratiorenschicht. Es bestand ein klar erkennbares Gefälle und eine Art von Unterschicht, wie man sie heute gar nicht mehr hat. Dieses soziale Gefälle begegnete mir dann in ganz anderer Form in Amerika, so daß ich eigentlich eine Art Entdeckungsgefühl hatte, als ich in der Soziologie die Kategorien dafür kennenlernte, wie Menschen in ungleichen Lebenslagen leben, sie manchmal verlassen können oder das eben nicht tun. Ich habe mich, auch weil ich dieses persönliche Verhältnis zu König hatte, eigentlich schon in den frühen 60er Jahren dafür interessiert und viel gelesen. Ich finde manchmal in Büchern Randbemerkungen von früher; dieses Interesse war bereits da, als soziale Ungleichheit in der westdeutschen Politik ein lebhaft erörtertes Thema wurde. Als es dann wieder in der Vehemenz der Auseinandersetzung zurücktrat, sah ich erst recht keinen Grund, auf das, was ich bei mir selber für eine gewisse Errungenschaft hielt, zu verzichten. Ich fand, auch demokratietheoretisch ging dieser Rückschritt nicht mehr.

Ein wesentliches Interpretament, das sicherlich am Anfang der «Gesellschaftsgeschichte» stand, ist der deutsche ‹Sonderweg›. Im «Kaiserreich» war das eine der Grundhypothesen. Aber wenn man Band 3 der «Gesellschaftsgeschichte» liest, hat man den Eindruck, daß das immer stärker in den Hintergrund tritt.

Der Vorwurf ist doch eher, daß es weiter durchgehalten wird!

In Band 3 nehmen Sie das zweifellos sehr zurück gegenüber früher.

Es ist eine Summe von Sonderbedingungen, ohne die man 1933 nicht erklären kann. Lepsius hat einmal gesagt, wir seien alle Generationsgeschädigte und wollten nur herauskriegen, wie 1933 passieren konnte. Da mußte man sich auf einen speziellen Entwicklungspfad, den die Deutschen angeblich marschiert waren, konzentrieren. Wenn diese Generationssensibilität weg ist, ist er für die Jüngeren nicht mehr überzeugend. Was aber davon übrigbleibt: Es gibt schon eine Summe von deutschen Sonderbedingungen, ohne die man 1933 nicht erklären kann. Es ist eben kein generelles Faschismusphänomen, wie das die '68er glaubten, die meinten, es sei eingebaut in die kapitalistische Entwicklung. Natürlich wäre es falsch, von einem eindeutig planierten ‹Sonderweg› zu sprechen. Aber es kommt ein Bündel von besonderen Bedingungen zusammen. Es ist ganz gleich, wo man sie sucht: im Herrschaftssystem, in der politischen Kultur oder in der Erfahrung der Kriegsniederlage oder des Sieges, jedenfalls sind es Sonderbedingungen. Ich sehe kein erkenntnistheoretisch durchschlagendes Argument, wie man auf diese Sonderbedingungen verzichten kann.

Das ist ein eindeutiger Rückzug gegenüber der ursprünglichen Sonderwegsthese, die davon ausging, daß sich die deutsche Entwicklung fundamental von derjenigen in ganz Westeuropa und den USA abhob. Allgemein von einem Geflecht von Sonderbedingungen zu sprechen, ist weit weniger strittig. Da wird es wenig Widerspruch geben, wenn man sagt, es gebe deutsche Sonderbedingungen ebenso wie dänische oder französische und alle führten in etwas anderer Weise in die Gegenwart.

Es ist eine Historisierung der Sonderwegsthese, verbunden mit der Vorstellung, den ‹Sonderweg› nicht nur oder primär als pathologische Abweichung zu verstehen. Die Gruppe, die sich diese negative Variante ausgedacht hat, ist die Gründungsgruppe der CIA, wo Hans Rosenberg und Hajo Holborn, Marcuse und Adorno u. a. mitgearbeitet haben. Alle haben sie da seit 1941 zusammengehockt. Sie haben sich überlegt: Warum passiert das in dem Land, aus dem wir kommen und das wir einmal ganz anders kennengelernt hatten? Dann hat Hans Rosenberg diese These vom Sonderweg sehr früh umgesetzt, z. B. mit der Bürokratisierung Preußens. Andere haben unterschiedliche Dinge betont, etwa die Ideengeschichte von Fritz Stern. Aber ich finde, wenn man das etwas auflöst und sagt, es gibt ein Grundmuster des europäischen Wegs in die Moderne und dann starke Abweichungen, z. B. das deutsche politische Herrschaftssystem seit 1871, dann gewinnt man Flexibilität. Man kann sich eine Summe von älteren Sonderbedingungen zurechtlegen, aber dann bleibt immer noch die Frage, ob nicht die wirklich entscheidende Schubkraft vom Ersten Weltkrieg ausging. Das kann man ja sagen, diese Deutung trifft auch wieder auf historische Traditionen und Denkgewohnheiten zu. Jedenfalls glaube ich, daß man auf ein Konzept wie Sonderbedingungen der deutschen Entwicklung nicht verzichten kann. Sonst kommt man zu ganz kruden Vorstellungen einer gemeineuropäischen Entwicklung.

Es ist immer die Frage, welche Bedingungen man dann privilegiert, letztlich für die entscheidenden hält. Ich glaube, man kann die Entwicklungen im 20. Jahrhundert nicht erklären ohne diesen abrupten Wechsel von einem Kaiserreich, das der jüngste europäische Staat ist – auch in der demographischen Zusammensetzung –, wirtschaftlich vor Erfolgen nur so platzt und glaubt, die Urbanisierung sei gelungen, die Sozialpolitik läuft vorzüglich an, also dieses ganze Selbstgefühl des positiven Sonderwegs besitzt. Ich wollte einmal, als ich am Kennedy-Institut der FU Berlin tätig war, alle amerikanischen Doktoranden in Deutschland zwischen dem Bürgerkrieg und 1914 erheben. Ich hatte 650. Man glaubt gar nicht, wer alles in dieser Zeit in Deutschland studierte; bei Schmoller z. B. gaben sie sich die Klinke in die Hand. Dann haben sie in Berlin und Leipzig, in Heidelberg und Tübingen promoviert. Viele wurden z. T.

nach ihrer Rückkehr in die USA Universitätsgründer und sind eigentlich bis 1917 extrem deutschfreundlich gewesen, weil sie das Gefühl hatten, da hätten sie einen Staat der Moderne kennengelernt. Dann kam die Weimarer Republik. Ich hatte immer große Skepsis, ob Peukerts ‹klassische Moderne› wirklich eine glückliche These sei, weil Weimar in meinen Augen zu sehr noch im Schatten der vorhergehenden Geschichte stand. Es ist so eine phantastisch kurze Zeit. 14 Jahre übersieht man doch spielend, dann war schon wieder alles vorbei. Man kann das kontrafaktisch auflösen: Wenn die Weimarer Republik die 20 Jahre Hochkonjunktur von 1950 bis 1973 gehabt hätte, wären Hindenburg, Tirpitz und Ludendorff gestorben, die Sozialdemokratie wäre vollends reformerisch geworden, die KP hätte ohne Weltwirtschaftskrise keinen Zulauf erhalten. Da kann man sich schon vorstellen, daß sich das allmählich gefestigt hätte, denn es ist ja ein belastbareres Unterfutter, wenn man so eine wirtschaftliche Aufschwungphase hat. Das ist dann alles durch die Weltwirtschaftskrise seit 1929 abgeschnitten worden.

Die ‹Sonderwegsthese› war ja untrennbar verbunden mit bestimmten modernisierungstheoretischen Grundannahmen. Erscheinen die ihnen heute problematisch oder hängen Sie nach wie vor einer modifizierten Modernisierungstheorie an?

Die Beschäftigung mit Weber führte frühzeitig zu einem positiven Verständnis der okzidentalen Modernisierung und der von Weber dazu entwickelten theoretischen Deutung. Als die amerikanische Modernisierungsdiskussion der 1950er und 60er Jahre seit dem Ende der 1960er Jahre auch auf die Geschichts- und Sozialwissenschaft der Bundesrepublik übergriff, habe ich mich bereitwillig damit beschäftigt, zumal ich dort viele alte Bekannte aus der Soziologie wiedertraf. Als

Thomas Nipperdey dann auf dem Braunschweiger Historikertag von 1972 eine Sektion über die Vorzüge und Grenzen der Modernisierungstheorie vorbereitete und mich zur Mitarbeit aufforderte, habe ich zugesagt. Aus der Vorbereitung ging dann das Bändchen über «Modernisierungstheorie und Geschichte» hervor, das den Stand der Diskussion bis 1973 eigentlich ganz gut erfaßte. Unter Modernisierungstheorie habe ich aber nie allein diese amerikanische Debatte der beiden Nachkriegsjahrzehnte verstanden, sondern immer den weiteren Kontext einer Diskussion seit dem 18. Jahrhundert, wie man sich den Aufstieg des Westens erklären könne. Natürlich spielten dabei die großen Schotten – Smith, Ferguson, Millar – eine wichtige Rolle, dann Marx, vor allem wieder Weber und ihre Nachfolger. Aus der amerikanischen Diskussion der 1950er und 60er Jahre haben sich im Grunde nur die Weberianer wie Reinhard Bendix und Shmul Eisenstadt sowie die klugen Köpfe des *Committee on Comparative Politics* behauptet. Auf sie trifft die berechtigte Kritik am *mainstream* dieser amerikanischen Debatte am wenigsten zu. Die Konsequenz: Ich glaube, daß eine weberianische Modernisierungstheorie noch immer ein Syntheseangebot bereit hält, das sich in dieser umfassenden Form anderswo nicht findet. Das mag eine Folge meines Informationsdefizits sein, aber für die «Gesellschaftsgeschichte» gehe ich weiterhin von dieser Theorieschule aus.

Spannend wäre es, den ‹Sonderweg› als eine generationsspezifische Deutungsfigur zu untersuchen. Was sind die spezifisch bundesrepublikanischen Erfahrungen jener Alterskohorten, die auf Distanz zum Sonderweg gehen? Ist es die '68er Erfahrung, ist es die Erfahrung der bundesrepublikanischen Stabilität? Was folgt, wenn man sich auf den Sonderweg nicht nur als intellektuelle Argumentationsfigur, sondern als eine Generationsfigur einließe?

Ich weiß noch genau, wie Lepsius das im ‹Arbeitskreis für moderne Sozialgeschichte› ein paarmal mit großem rhetorischen Schwung entwickelt hat. Bei den '68ern, die sich explizit zu der Problematik äußerten, war es natürlich der böse Kapitalismus. Aber für die, die seit '60, '70 erst geboren wurden, schafft die Stabilitätserfahrung der Bundesrepublik trotz aller Schwankungen einen relativ kontinuierlichen Wohlstand und damit einen ganz anderen Erfahrungshintergrund als für meine Generation. Was sie bis dahin alles erlebt hat, das ist etwas völlig anderes als die Erfahrung in der Bundesrepublik. Dann rückt auch die Dramatik und die persönliche Betroffenheit allmählich in den Hintergrund. Ich würde aber trotzdem immer versuchen, die Teilnehmer an den Debatten zu drängen, die Bedingungen zu präzisieren, mit deren Hilfe sie sich denn so etwas erklären wollen wie eine Diktatur und dann den unglaublich schnellen Verfall aller moralisch-politischen Standards. Das bleibt schon sehr erklärungsbedürftig.

Hat sich nicht seit einiger Zeit der Fluchtpunkt verschoben von 1933 auf 1939/41? Stand nicht am Anfang der Verfall von Weimar und die Etablierung des Nationalsozialismus im Mittelpunkt, und inzwischen ist es der ‹Zivilisationsbruch›?

Das ist ganz klar, das habe ich auch im letzten Band geschrieben. Das war auch meine Meinung, daß die Generation von Bracher und Broszat an Weimars Auflösung herumrätselte und das Problem intellektuell bravourös bewältigte. Wie zerfällt eine Demokratie, die ja auch bei Millionen viele Hoffnungen erfüllt hat, und wie kann sich eine Diktatur durchsetzen? Dann kommen bei Bracher noch relativ wenige Seiten über den Krieg. Die Veränderungen der öffentlichen Diskussion, daß seit etwa 1990 die NS-Erfahrung zusammenschnurrt auf Auschwitz, sind nicht leicht zu erklären. Es sind Formulierungen wie

Singularität oder Zentralereignis, die das reflektieren. Meine Erfahrung bei einer Reihe von Diskussionen in Berlin war, daß man keine Viertelstunde über Geschichte sprechen konnte, ohne daß die Rede ist von Auschwitz und vom Vernichtungskrieg im Osten.

Die gängige Erklärung für den Aufschwung dieser Debatte in Amerika lautet, daß die amerikanische *Jewish Community* zerfällt, weil die jungen Juden Protestanten oder Katholiken heiraten. Und die einzige Möglichkeit, noch eine integrierende Wirkung zu erzielen, ist, sich auf den Holocaust zu beziehen und zu behaupten, man sei durch tausend Fäden mit den Opfern der Shoah verbunden. Das integriert in einer Gesellschaft, die soziale, religiöse, nationale Unterschiede phantastisch nivellieren kann. Das verschafft ein Gefühl der Eigentümlichkeit. Allgemeinere Phänomene müssen auch eine Rolle spielen für dieses merkwürdige Schrumpfen der Diskussion über den Nationalsozialismus auf ein grauenhaftes Hauptereignis. Es kommt in meinen Augen auch der postmoderne Einfluß von Zygmunt Bauman und anderen zum Zuge: daß die Pathologie in der modernen Welt angelegt und der Holocaust ihr Paradebeispiel sei. Dann wird er universalisiert nicht als Einmalereignis, sondern als permanent drohende Gefahr – dadurch entsteht eine Art Lust an der Leugnung der deutschen Sonderbedingungen und ein Glaube – nicht sehr rational, man redet, wie man aber glaubt, auf hohem intellektuellen Niveau – an Entwicklungstendenzen der modernen Welt. Da ist dann eben dieser pathologische Entwicklungspfad, und wenn man nicht aufpaßt, dann wiederholt er sich. Das ist für Jüngere, die in dem postmodernen Klima groß werden, offenbar unmittelbar einleuchtend. Es ist auch keine schwierige intellektuelle Operation. Wenn man dann mit den Mühseligkeiten der empirischen Niederung kommt und sagt, man möchte doch gerne wissen, was sie vom Reichssicherheitshauptamt und Michael

Wildts Studie halten und von dem skeptischen Generationsbegriff von Ulrich Herbert, und wo es das denn in England, Schweden, Frankreich gegeben habe, ob es denn wirklich legitim sei, das abzulösen von deutschen Sonderbedingungen, dann stößt man allzuoft auf Ahnungslosigkeit. Das ist eine Ablehnung der historischen Spezifika und die Zufriedenheit mit großen welthistorischen Tendenzen, die in skeptisches Licht getaucht werden. Das ist vielleicht eine unvollkommene Erklärung, aber im Augenblick sehe ich keine bessere, als daß es ein Zug der postmodernen Debatte ist, historisch relativ konkrete Entwicklungen in Allgemeinheiten aufzulösen. Das wird durch Foucault verstärkt, weil er diesen Trend zur Disziplinargesellschaft betont, die unterschiedlich ausgegrenzte Gruppen vergewaltigt und ausgrenzt, ohne daß Menschen sich dessen bewußt sein müssen. Ich glaube, dieser Trend zur Pathologisierung der Geschichte der Menschheit, der universalisiert das Holocaustexempel mit einer halb moralisch empörten und halb lüsternen Erwartung, daß es das nächste Mal wieder hochkommen könnte.

Die Opferidentifikation und Suche nach Teilhabe an Opferschaft ist ein übernationales Phänomen …

‹Gewaltige Tendenzen›, würde Ranke sagen.

Wird die Frage nach Täterschaft und nach Verantwortung auch zurückgedrängt, weil man überindividuelle Prozesse dafür verantwortlich macht? Und ist das nicht – zwar nicht intentional, aber indirekt – mit befördert worden durch einen Zugriff, wie ihn die Historische Sozialwissenschaft anbietet? Die Handlungsmöglichkeiten von Akteuren werden ausgeblendet, statt dessen gibt es Strukturen und Prozesse. Und nur die Ausnahmegestalten wie Bismarck oder Hitler können über-

haupt noch handeln. Das ist sicherlich eine Denkfigur, die die Prominenz von Opferschaft befördert hat.

Erstmal ist der Opferkult eng verwandt mit der Foucaultschen Argumentation und der dadurch mobilisierten Sympathie. Das merkt man auch an den Gesichtern, wenn man diskutiert. Was diese Affinität angeht, ist das in meinen Augen auch weitgehend eine generationsspezifische Festlegung, daß manche Generationen erlebt haben, wie unendlich schmal Handlungs- und Entscheidungsspielräume sind, weil sie durch überindividuelle Bedingungen enorm eingeengt werden. Jeder, der noch irgendwie mit dem Krieg in Berührung gekommen ist, weiß das, die Generationen, die zwischen 1925 und 1935 geboren worden sind, gehören noch dazu. Es ist die Erfahrung von der Übermacht von Prozessen, die über die Individuen hinweggehen, oder von harten strukturellen Bedingungen, die das Ausbrechen nicht ermöglichen. Diese Erfahrung ist fraglos in diesen Generationen verankert und übersetzt sich dann in klirrende Wortpaare wie Strukturbedingung und Prozeßverlauf. Dahinter steckt eine tiefe Skepsis, ob das gewöhnliche Individuum aus diesem relativ starren Käfig herauskommen kann. Das ist anders bei denen, die nach 1949 geboren sind. Wie immer sie sich intellektuell und politisch entwickeln, wirkt die Welt und wirken die Gestaltungsmöglichkeiten weicher, nicht so starr festgelegt. Ich würde diese skeptische Einstellung, daß die menschlichen Handlungsmöglichkeiten außerordentlich begrenzt sind, weiter verteidigen. Das Dilemma ist, daß man in der Tat den möglichen Handlungsspielraum von Akteuren zu schmal schneidet und daß man eigentlich nur für die herausragenden Figuren wie Bismarck und Hitler historischen Einfluß konzedieren kann.

Bismarck und Hitler sind ‹große› Individuen, weil sie Strukturen verändern. Man könnte ja fragen: Welche Bedingungen müssen in Individuen angelegt sein, um Handlungsspielräume zu nutzen? Das ist im Kontext des Nationalsozialismus oder der Wehrmachtsausstellung diskutiert worden: Inwiefern ist man bereit, Risiken einzugehen, um diesen Spielraum auszuloten? Ließe sich das Konzept der «Gesellschaftsgeschichte» auf diese Weise akteursorientiert dynamisieren?

Mich interessieren 18 Millionen Soldaten relativ wenig. Die paar, die risikobereit genug gewesen sind, sich über Befehle hinwegzusetzen oder Juden zu verstecken oder herauszuschleusen, das ist umgerechnet auf die Massen, die in Bewegung gesetzt wurden und in aller Regel gehorchten, relativ wenig. Aber wenn ich noch einmal neu in den Strom springen könnte, dann würde ich mir schon überlegen, ob ich individuellen Akteuren nicht nur auf der allerhöchsten Ebene, sondern auch darunter einen größeren Handlungsspielraum und Entscheidungen zubilligen würde, die dann immer noch durch strenge restriktive Bedingungen eingeengt wären. So bekommt der Text so etwas Ehernes, aus dem man sich nicht herausbewegen kann. Die individuellen Handlungsmöglichkeiten erstarren, und dann bleiben nur große Figuren übrig.

Vielleicht ist das ja auch ein Produkt der theoretischen Prämissen. Wenn man aus einer Tradition von Marx und Weber – jedenfalls in einer bestimmten Lesart – argumentiert, dann werden Strukturen und Prozesse übermächtig. Ist das eine Weber-Hypothek?

Vielleicht ist es das. Ich glaube, wenn man sich auf diesen Strukturalismus aufgrund von Generationserfahrungen einmal festgelegt hat, engt das die Interpretationsmöglichkeiten und die Auflockerungsmöglichkeiten doch sehr ein. Ich würde Adenauer z.B. nie als Charismatiker diskutieren, sondern als eine patriarchalische Figur, die vielen Deutschen den Übergang von einer Diktatur in die ungewohnten Verhältnisse der zweiten Republik erleichtert hat. Ich sehe auch danach keinen Charismatiker. Vielleicht hat für viele SPD-Anhänger Brandt in der Zeit der Ostverträge diese Ausstrahlung gehabt. Ich habe das selber nicht empfunden.

Adenauer habe ich noch als Student in Bonn erlebt, aus Neugier, als ich aus Amerika wiederkam. Ein Onkel war im Bundestag und saß im Verkehrsausschuß, da kam dann Adenauer auf Besuch; ich wurde als Mitarbeiter ausgegeben. Wenn er kam, fiel die Temperatur um 10 Grad. Dann saß er da mit seinem Indianergesicht und fixierte die Leute, die dann sehr schnell schwiegen, aber er saß völlig unbeweglich, das dauerte manchmal zwei Stunden. Dann hatte er einen genauen Überblick, wie die Lage war und was ihm geschildert worden war, und sagte: ‹Meine Herren, ich sehe das so.› – Dann kam eine Entscheidung, danach war ganz klar: Der Ausschuß schloß sich Adenauer an. Aber das würde ich nie als charismatischen Einfluß bezeichnen. Das war ein sehr geschickter alter Profi, der sich über die Kräfteverhältnisse in den Ausschüssen sehr gut informierte und sich aussichtsreiche Projekte zu eigen machte. Aber es ist ein Ergebnis früher Vorentscheidungen, daß die Rolle von Individuen zurücktritt und die Akteurszentriertheit dann sehr schwer einzuführen ist.

Wenn ich Kapitel eingefügt hätte – was ich inhaltlich nicht kann – über eine Wissenschaftsgeschichte, wie sie jetzt betrieben wird, trifft man auf wilhelminisch, weimarisch geprägte Wissenschaftler, die ihren eigenen Denkhorizont besitzen und eine Innovationsgabe entwickeln; mit den Strukturen und Prozessen kann man dann nur noch einige Fluchtpunkte beschreiben. Es gibt noch manche Möglichkeit, eine konkurrierende Synthese zu schreiben. Dann melde ich mich für die erste Rezension!

Sie haben sowohl Bismarck als auch Hitler mit Hilfe von Webers Charisma-Konzept zu fassen versucht. Dafür haben Sie einiges an Kritik einstecken müssen. Hat sich Ihr Zugriff bewährt?

Es ist ja nicht völlig neu, Hitler als Charismatiker zu interpretieren. Ein kluger Neomarxist wie Franz Neumann hat das schon in seinem «Behemoth» getan. Danach gibt es immer wieder Anspielungen auf Webers Konzept, aber keine stringente Interpretation, z. B. bei Bracher, Broszat, Sauer, Frei. Einen Durchbruch bedeutete dann Rainer Lepsius' Aufsatz über Hitlers charismatische Herrschaft, der in meinen Augen eine ganze Bibliothek zur deutschen Zeitgeschichte ersetzte. Auf seiner Linie habe ich dann Hitlers Herrschaft über die Partei und über das ‹Dritte Reich› zu interpretieren versucht. Das ist auf ebenso lebhafte Zustimmung wie Kritik gestoßen. Die Kritiker sehen in dieser Deutung eine Fortsetzung der Goebbels-Propaganda. Das war ja ein großes Schreckgespenst auch meiner Generation. Aber wenn man der Sonderstellung Hitlers in der deutschen Politik gerecht werden will, darf man nicht davor zurückschrecken, sein politisches Talent zu würdigen. Das ist ja auch die Prämisse von Ian Kershaws Hitler-Biographie. Vor allem aber läßt sich mit der Konzeption der charismatischen Herrschaft auch das – für Weber immer ganz zentrale – Verhältnis zu den Exekutivstäben genauer erfassen. Denn die polykratische Herrschaft der rivalisierenden NS-Stäbe entsprach durchaus dem Ziel des Charismaträgers, als ‹arbiter› die letzten Entscheidungen selber treffen zu können, nachdem er den Kampf der Interessengruppen lange genug beobachtet hatte. Die Diskussion ist noch längst nicht ausgestanden. Eine reizvolle Dimension ist wieder der Vergleich, denn es müßte einmal stringent geklärt werden, ob das Leninsche oder Stalinsche Herrschaftssystem ebenfalls in diesen Kategorien erfaßt werden kann.

Was wären aus der heutigen Perspektive lohnende größere Gesamtdarstellungen?

Wenn jetzt jemand sagen würde, er wollte versuchen, auf der Höhe des erreichten Diskussionsstandes noch einmal neu zu analysieren, wie der deutsche Nationalismus entstanden ist, würde ich das für ein sehr lohnendes Projekt halten. Ich würde es auch für eine reizvolle Aufgabe halten, die ungeheure Wirkung des Darwinismus und Sozialdarwinismus in vielen westlichen Gesellschaften breit angelegt zu untersuchen. Diese Art von Zivilreligion – das wird der Darwinismus ja seit dem ausgehenden 19. Jahrhundert – hat in ihrer pervertierten Form auch Hitler inspiriert. Andere Probleme, die ich immer für wichtig gehalten habe, z. B. die Bedeutung des Militärs, wären auch inspiriert von unserer gegenwärtigen Situation in Afghanistan und im Kosovo und von der veränderten Rolle des Militärs in der deutschen Gesellschaft. Ich glaube auch, daß es im Bereich der Wissenschaftsgeschichte interessante Themen gibt. Das sind alles Themen, die eine gewisse Bereitschaft zur Synthetisierung verlangen.

Nationalismus, Militarismus, Sozialdarwinismus, Rassismus sind alles Gegenweltbilder zu unserer bestehenden politischen Ordnung. Wie wäre es mit langfristig angelegten Vorhaben wie Markt oder Wettbewerb als Prinzipien, auf denen unsere gesellschaftliche Ordnung basiert, ohne daß es dafür in der Gegenwart ein historisch fundiertes Verständnis gibt?

Ich würde sagen, den Sozialstaat finde ich bei Gerhard A. Ritter und Hockerts und jetzt auch bei Manfred Schmidt und Franz Xaver Kaufmann gut abgehandelt. Da finde ich es schon beneidenswert, wie man sich mit drei, vier Büchern auf die Höhe der Diskussion katapultieren kann. Wenn ich noch einen Doktoranden hätte, der Interesse an der Durchsetzung von Marktwirtschaft im strengeren Sinne hätte und daran, wie ihre Prinzipien ausstrahlen und alte Hemmungen allmählich aufbrechen und dann vielleicht sogar in einem weiteren Schritt die These prüfte, ob eine erfolgreiche Marktwirtschaft auch eine Marktgesellschaft schafft, in der Märkte immer mehr Distributionsfunktionen übernehmen – das wäre reizvoll. Was mich sehr interessieren würde: Ich halte die demokratietheoretischen Überlegungen, die zurückgreifen auf die antike Polis, für ziemlich irreführend. Man müßte vielmehr die Diskussion um 1900 noch einmal aufgreifen, als Jellinek, Troeltsch und Weber sich in der Wolle lagen, ob die christliche Vorstellung der Gleichheit der Seelen vor Gott, wenn man sie säkularisierte als Gleichheit der Menschen auf Erden, im Ideenhaushalt der Zeit nicht weit mehr einleuchtete. Also eine Geschichte der Demokratie, nicht am Wahlrecht orientiert, sondern am ideengeschichtlichen Unterfutter. Weil uns das auch lange beschäftigt hat, wäre es wirklich überfällig, einmal eine Geschichte des deutschen Bürgertums in den letzten beiden Jahrhunderten zu schreiben. Da muß man zwar bestimmte Vorkenntnisse mitbringen, aber in dem Projekt steckten so viele Herausforderungen, gerade für den deutschen Kontext. Wenn man noch einmal zehn Jahre Zeit gehabt hätte, hätte ich sehr dafür plädiert, den Bürgertums-SFB zu verlängern für das 20. Jahrhundert und das vorhandene Potential an Interessen und Anregungen zu nutzen.

Wir haben jetzt allgemein über Großprojekte gesprochen. Zurück zu Ihnen: Gibt es ungeschriebene Bücher?

Als Ernst-Peter Wieckenberg mir einmal sagte, ich solle doch einmal 120 Seiten für ein Bändchen über Nationalismus schreiben und ich durch die ständige Debatte mit der Arbeitsgruppe zur Nationalismusforschung und die Lektüre gut eingearbeitet war, hatte ich das Gefühl, jetzt kannst du auch schnell Farbe bekennen. Also habe ich Wieckenberg gesagt: ‹Nun gut, ich bin bereit, die Arbeit am Band 4 der «Gesellschaftsgeschichte» für ganz kurze Zeit zu unterbrechen. Wenn es in der Zeit nicht geht, lasse ich es sein.› Dann habe ich 10 Tage geschrieben, und der Text war fertig. Das geht aber nur, wenn man ein Thema überschaut und nicht viel geschrieben werden muß.

Als wir das einem Rezensenten sagten, entgegnete er, für seine Rezension hätte er länger gebraucht.

Die Länge der Arbeitszeit hängt davon ab, wie sehr man mit dem Thema vertraut ist.

Wobei Sie dieses Joch ja freiwillig noch für einen weiteren Band der «Gesellschaftsgeschichte» auf sich genommen haben.

Man braucht etwas, was einen auf Trab hält und einen auch immer wieder in die Situation bringt, daß man weder aus noch ein weiß, wie man mit dem Problem umgehen soll. Ich finde es schrecklich, wenn man immer beim gleichen Thema bleibt. Man muß ein Projekt haben, an dem man sich die Zähne ausbeißen kann. Nur so bleibt man intellektuell wach. Die Vorstellung, daß man vor sich dahindämmert und dann noch einmal etwas schreibt z. B. über die Weimarer Republik und Stresemanns Rolle – das ist eine einschläfernde Vorstellung.

Ob das nun eine glückliche Lösung war, gleich noch einmal bis 1990 zu gehen, weiß ich nicht.

Würde es Sie reizen, so etwas zu schreiben wie «Was ist Geschichte»?

Nein, da gab es diverse Anfragen. So etwas halb Geschichtsphilosophisches könnte ich auch inhaltlich gar nicht bewältigen. Das soll Jörn Rüsen machen. Da habe ich kein Interesse. Ich habe auch an dieser Theoriediskussion, die wir damals mit einer gewissen Besessenheit geführt haben, inzwischen kein großes Interesse mehr.

War es damals in den 60ern anders? Wehler steht ja für Historische Sozialwissenschaft und die Theorieorientierung von Geschichte. Ist das dann durch die Arbeit am «Kaiserreich» und der «Gesellschaftsgeschichte» auf die Ebene der pragmatischen Mühlen gebracht worden und hat sich da zerrieben?

Damals hatte ich eine Art von missionarischem Gefühl, man müsse aus diesem Gehäuse der ewigen Politikgeschichte heraus, man könne am ehesten von den Soziologen und den anderen Nachbarwissenschaft etwas Neues lernen. Ich war bei Schieder ja intensiv mit Droysen und Dilthey traktiert worden. Ich hatte das Gefühl, diese Art von Verstehenslehre, die mehr auf Intuition beruht als auf einer rationalen Analyse, die muß irgendwie wissenschaftlich erweitert werden. Da fand ich die Anregungen aus der Psychoanalyse zuerst sehr interessant. Ich war dann aber unter dem Anprall der *psychohistory* ziemlich entsetzt, was daraus wurde, z.B. diese ganzen abstrusen Deutungen, die damals von Hitlers Verlust eines Hodens zum Sadomasochismus und geradewegs nach Auschwitz geführt haben.

Nach den NWB-Bänden über Imperialismus und Soziologie und Ökonomie, die relativ schnell hohe Auflagen hatten, hatte ich das Gefühl, mehr kannst du jetzt in diesem Bereich nicht tun, jetzt müssen Sachthemen ran, die sich lohnen. Dabei trat zunehmend in den Vordergrund, daß ich mir eigentlich an historischen Problemen die Zähne ausbeißen, aber nicht immer nur die Theorieorientierung appellatorisch verlangen wollte.

Verstehen wir das richtig – «Geschichte und Psychoanalyse» war der Versuch, das Verstehensparadigma in eine neue Richtung zu führen?

Ja, ich verband mit diesem Versuch die Hoffnung, ein Gerüst von bewährten Kategorien zu finden, die therapeutisch bei Individuen weitergeführt hatten und vielleicht auch auf umfassende historische Phänomene übertragen werden konnten. So abwegig war das nicht, denn in gewisser Hinsicht kam Freud ja auch aus der breiten Strömung des Historismus, der das 19. Jahrhundert beherrscht hatte.

Noch einmal zur «Gesellschaftsgeschichte» zurück. Gerade sprachen wir über Zeit als genuinen Kern der Geschichte. Endet die Gesellschaftsgeschichte mit einer Reflexion über die Veränderung von Gesellschaft? Es wäre doch erstrebenswert, nicht nur Veränderungen auf der realhistorischen Ebene von Gesellschaft zu zeigen, sondern letztlich genau diese Veränderung in der Zeit selber zum Thema zu machen.

Das ist das Herausfordernde und Schwierige. Im Grunde sind wir, wenn wir jetzt von Mittelklassen sprechen, der Meinung, daß es eigentlich eine erstaunliche Persistenz von ‹Bürgertümern› gibt – von dem also, was man Wirtschaftsbürgertum,

Bildungsbürgertum, akademische Intelligenz usw. nennt–, doch auch die Auflösung von festgefügten sozial-moralischen Milieus, in denen sie sich bewegt haben. Die Kunst ist dann, hinterher zu sagen, ob Kontinuität oder Wandel im Vordergrund stehen, wobei ich der Meinung bin, daß das deutsche Bürgertum sich wie Phönix aus der Asche nach den größten Katastrophen immer wieder emporreckt. Trotzdem erlebt es seit den 1950er Jahren in der Tat Veränderungen, die es bis zum kaum noch Erkennbaren unterscheiden von dem, was früher einmal z.B. die bildungsbürgerliche Honoratiorenschicht gewesen ist.

Auf der anderen Seite gibt es eine Kontinuität bestimmter Funktionen ebenso wie bestimmter Exklusionsstrategien. Ein Beispiel dafür ist die Klassenprägung des westdeutschen Heiratsmarktes. Es verschlägt einem die Sprache, wie scharf dieser Markt nach sozialen Klassen geschieden ist. Da kommt auf 300 Männer aus dem mittleren und gehobenen Bürgertum ein Mädchen aus der Arbeiterklasse. Die Heiratsmärkte sind als Lackmustest unübertrefflich gut, um zu sehen, was es an Konsistenz in sozialen Verbänden gibt. Aber ich glaube schon, daß man am Ende tief Luft holen muß, ehe man schildert, wie sich dann die Gesellschaft bis 1990 entwickelt hat. Es gibt manche gute Zahlen in Rainer Geißlers Handbuch, sie erfassen auch die 90er Jahre. Es gibt dramatische Veränderungen. Max Weber sagt noch: ‹Die größte Arbeiterklasse in Deutschland sind die Landarbeiter.› In den 1980er Jahren gibt es noch 200000, wenn man alle zusammenzählt. Wie sie der Arbeitsmarkt, ohne eine Revolution zu erzeugen, in den 1950er und 60er Jahren aufgesogen hat, so daß nur noch subventionierte Großbetriebe übrigblieben, wo doch wenige Jahrzehnte vorher noch ein Drittel aller Erwerbstätigen in der Landwirtschaft war – das ist phänomenal. Das sind wirklich revolutionäre Veränderungen im Gefüge einer Gesellschaft. Auch die Industriearbeiter sind von 50% auf gut 30% der Erwerbstätigen zurückgegangen, die Angestellten liegen jetzt weit vor ihnen. Da geht es nicht nur um sozialrechtliche Verschiebungen, vielmehr gibt es im Habitus, in den politischen Aktionen und in vielem mehr gewaltige Veränderungen.

Die Leitfragen wären dann: Wie ändert sich die Struktur dessen, was man Gesellschaft nennt? Welche Einzelbestandteile bleiben, wie ändern sich die quantitativen Dimensionen, wie die Deutungskategorien?

Ich habe gerade über die bürgerlichen Mittelklassen geschrieben. Bei den Eliten setzen sich die marktbedingten Klassen in einem erstaunlichen Maße durch. Auf der anderen Seite gibt es kulturelle Verteidigungsbastionen, die in den Familien durch die Sozialisation und einen bestimmten Habitus erzeugt werden, wobei die Marktlage nur indirekt eine Rolle spielt. Viel wichtiger ist, daß es in den Familien als selbstverständlich gilt, daß man ein gutes Gymnasium besucht, studiert, dann ins Ausland geht. Es ist dann die Frage, was wichtiger ist: die kulturelle Prägekraft in der Familie oder die privilegierte Ausstattung der Familie mit Ressourcen, wenn der Vater Unternehmer oder Studiendirektor usw. ist. Jedenfalls gibt es erstaunliche Exklusionsprozesse. Natürlich habe ich auch vor, am Ende zu diskutieren, was die Gesellschaft von 1990 von der von 1890 oder 1790 unterscheidet. Es ist ja auch kaum mehr vorstellbar, was für geschlossene Verbände die bürgerlichen Klassen einmal waren.

Könnte die «Gesellschaftsgeschichte» neue Leitideen vor dem Hintergrund einer sich radikal verändernden Struktur der Gesellschaft anbieten?

Das weiß ich nicht. Es wird sich sicher lohnen, den mißbrauchten Begriff der sozialen Gerechtigkeit in einer Zeit, in der die Einkommens- und Vermögensdisparitäten so ungeheuer wachsen, neu zu füllen. Das ist normativ spannend, wie man Gerechtigkeit explizieren könnte, und es ist politisch spannend, wer das glaubwürdig tun könnte. Ich glaube, wenn sich die demographischen Parameter nicht völlig verändern, wird es riesige Probleme geben. 1,7% der bundesdeutschen Haushalte besitzen ca. 74% des Produktivvermögens; das hat sich bis heute nicht verändert. Das erzeugt Disparitäten und Spannungsverhältnisse, mit denen ein Gemeinwesen, das unter bestimmten Prämissen angetreten ist wie die Bundesrepublik, fertig werden muß. Ich sehe nicht, wie das gehen soll ohne einen Begriff von sozialer Gerechtigkeit, den man allerdings nicht mehr primär egalitär fassen darf.

Bei der Frage nach sozialer Gerechtigkeit ist auch entscheidend, wer der Adressat ist, der dafür sorgen soll, daß es gerecht sein soll. Ist es eine spezifisch deutsche Wahrnehmung, daß der Staat dafür verantwortlich gemacht wird?

Ja, das würde keiner in Amerika sagen. Dort ist der Glaube tief verwurzelt, daß sich aus dem Wettbewerb der Individuen im Sinne einer prästabilisierten Harmonie letztlich eine gerechte, dem Leistungsvermögen entsprechende Ordnung ergibt. Aus diesem Verständnis speist sich weiterhin der Vorbehalt gegenüber dem intervenierenden Sozialstaat. In Deutschland dagegen ist der Individualismus und sein Konkurrenzdenken zwar nichts Fremdes. Doch aus den Traditionen der mittelalterlichen Obrigkeit, des aufgeklärten Absolutismus und der bürokratischen Reform stammt die Überzeugung, daß das politische Herrschaftssystem, der Staat, als Garant einer gerechten Ordnung fungieren müsse. Das hat Bismarcks Sozialpolitik gegen die liberale Opposition erneut durchgesetzt, und seither hat der deutsche Sozialstaat an dieser Überzeugung festgehalten. Staatlich regulierte Gerechtigkeit bleibt natürlich ein Ergebnis der politischen Kräftekonstellationen, und es gehört zu den Aufgaben der gegenwärtigen Debatte, den staatsfernen Individualismus aufzuwerten, um endlich ein Gegengewicht gegenüber dem deutschen Etatismus zu schaffen.

VII. Geschichte und Öffentlichkeit

Ist Hans-Ulrich Wehler ein ‹politischer Professor›?

Ein alter Vorwurf von Schieder im Doktorandenkolloquium war, daß ich wieder den *Treitschke redivivus* spielte. Das ist keine Erfindung von Thomas Nipperdey, sondern Schieders Formulierung. Ich hielt ihm entgegen, daß mir die inhaltliche Fixierung von Treitschke denkbar zuwider sei, aber man wisse bei ihm immer genau, woran man sei. Ich hatte mir damals Treitschkes Habil. besorgt. Treitschke war als junger Mann auf der Höhe der Zeit und hatte sich eine klare Meinung darüber gebildet, wie man als Historiker mit den aufsteigenden Sozial- und den Staatswissenschaften umgehen sollte. Die Habil. ist eine ganz ungewöhnlich gute Arbeit, da war er ca. 22, als er sie in Leipzig eingereicht hat. Er machte kein Hehl aus seinen politischen Erkenntnisinteressen, die wir jetzt zusammenfassen als borussische Legende, daß Preußen die berühmte Mission der Gründung eines deutschen Nationalstaats habe. Man kann dafür oder dagegen sein, aber man weiß bei ihm ganz genau, woran man ist. In diesem Sinne ist eine ganze Reihe von uns, die sich auch außerhalb der Universität geäußert hat, politischer Professor. Die Überlegungen von Dirk Moses über die ‹Generation der 45er›, die zwischen dem Ende der 1920er Jahre und dem Beginn der 40er Jahre geboren und noch vom Krieg erfaßt worden und danach in die öffentlichen Debatten eingestiegen ist, treffen hier zu; ob es nun Dahrendorf oder Böckenförde, Lepsius oder Habermas oder die Historiker waren, sie sind in der Terminologie des 19. Jahrhunderts alle politische Professoren. Das halte ich auch weiterhin für eine vertretbare Position, daß man das in dieser Zeit wurde.

Haben Sie – im Sinne Max Webers – immer eine klare Scheidung getroffen zwischen Seminar und Öffentlichkeit?

Ich habe am Anfang in Köln und auch in Bielefeld bei Vorlesungen, wenn es mich reizte, etwas zu kommentieren, gesagt: ‹Ich trete jetzt einen Schritt neben das Pult, weil das nicht zum Inhalt der Vorlesung gehört, aber es berührt sich so unmittelbar mit aktuellen Problemen, daß ich Ihnen dazu meine Meinung sagen will.› Da habe ich gedacht, ich könnte das symbolisch durch das Beiseitetreten trennen. Im allgemeinen, wenn es einem rechtzeitig einfällt, kann man da noch eine Unterscheidung machen. Aber sehr oft verfließt die Grenze, wenn man richtig in Fahrt ist, dann denkt man nicht an das Gebot, die Dinge reinlich zu scheiden.

Gibt es etwas Spezifisches in der Professorenrolle, das die Art der politischen Intervention oder der politischen Stellungnahme geprägt hat?

Professor kommt ja von *professi* und das bedeutet in diesem Fall, daß man das Lehramt stillschweigend erweitert. Dagegen kann man sich ja von einer neopositivistischen Position aus wehren. Hans Albert hätte vermutlich gesagt, das müsse man ganz strikt trennen. Aber auch bei denen, die zurückhaltender waren, war die Versuchung doch groß, wenn man überhaupt ein politisch aufgeschlossener Mensch ist, sich zu äußern. Man hat in dem Beruf auch so viele Gelegenheiten. Was uns oder dieser eben genannten Generation sehr entgegenkam, war die Veränderung in den Medien, daß allmählich eine linksliberale Öffentlichkeit entstand, die es am Anfang nicht gab. Dann aber gab es auf einmal die «Neue Illustrierte» und danach den «Stern», von Anfang an den «Spiegel». Die «ZEIT» war ja am Anfang alles andere als linksliberal, aber dann veränderte sich die Zusammensetzung ihrer Redaktion, und es rückten überall Studienfreunde oder Bekannte ein, so daß man in einem ganz ungewöhnlichen Maße – wenn ich das im Vergleich mit anderen Ländern sehe – schnell Zugang zu Medien hatte, wenn man es wollte. In England gab es eine kurze Zeit, da konnte sich jemand wie E. P. Thompson oder Eric Hobsbawm problemlos in die Medien einschalten – weil sie solch ein schönes Englisch schrieben, wollte man gern von ihnen einen Kommentar haben, ob zur Arbeiterklasse oder gegen die Atombewaffnung. Aber das waren ein paar Exoten, die man da fragte. Sonst waren die Welten von Publizistik und Universität strikt getrennt. In Amerika sind bis heute Jim Sheehan oder Henry Turner, Gerry Feldman oder Charlie Maier nicht ein einziges Mal von einer Zeitung oder von einem der zahllosen Fernsehsender gefragt worden, ob sie sich einmal äußern wollten, z. B. zum Problem der europäischen Einheit und der wirtschaftlichen Potenz, die damit entsteht. In der Bundesrepublik war der Unterschied, daß die Generation, die den Krieg noch zu spüren bekommen hatte, in die entsprechenden Positionen einrückte. Mit ‹spüren› meine ich zum Beispiel bei den Jüngeren wie Kocka oder Puhle das halbe Jahr der Flucht zu Fuß aus Schlesien. Das ist alles noch sehr präsent, obwohl das frühkindliche Erlebnisse sind. Für die war eigentlich – ohne daß sie sich untereinander schon kannten, das kam ja erst im Laufe der Zeit – klar, daß sie den Mund aufmachten, wenn sich die Gelegenheit dazu ergab. Der gängige Vorwurf, daß wir zu lange geschwiegen hätten, so wie unsere Eltern, sollte gegen uns nicht erhoben werden.

Das erste Erlebnis einer Gemeinsamkeit war die ‹Ohne mich›-Bewegung – gegen die Wiederbewaffnung. Ich weiß gar nicht, wie künftige Vertreter der ‹Generation 45› damals gewählt haben, aber ich halte es für möglich, daß Jürgen Habermas am Anfang die «Gesamtdeutsche Volkspartei» von Gustav Heinemann gewählt hat, weil sie den entschiedensten Protest gegen die Wiederbewaffnung formulierte. Dann spielte sich das allmählich so ein. Ich bin sehr gespannt, ob sich diese Linie fortsetzt. Ich habe ja Schwierigkeiten gehabt, Jüngere zu überzeugen, sich zu äußern. Je jünger die Historiker sind, um so häufiger hört man auch Bedenken: ‹Soll man sich da wirklich exponieren? Man kriegt es bei der nächsten Bewerbung zu spüren?› Aber für diese Generation, die ich im Auge habe, war die Wünschbarkeit und auch die Bereitschaft da, sich zu engagieren.

Voraussetzung ist ja nicht nur eine gemeinsame generationelle Lagerung, sondern auch die Post-NS-Konstellation. Das zeigt, wie wenig Entwicklungen in der Bundesrepublik zu verstehen sind ohne die Distanzierungsbewegung vom Nationalsozialismus. Das wirkte auch nach der institutionellen Gründung 1949 sehr lange nach.

Einen sehr bitteren Zusammenstoß gab es 1983, als Lübbe seinen berühmten Vortrag hielt, der dann mehrfach gedruckt worden ist: Die Bundesrepublik habe in einem Volk der Täter und Mitläufer stillschweigend Millionen akzeptieren müssen, wie sie waren, sonst wäre das Staatswesen nicht belastbar gewesen, wäre es gar nicht in Gang gekommen. Broszat saß neben mir, er guckte am Anfang noch amüsiert. Dann ging aber Lübbe so unter die Decke, als ich meine Kritik äußerte, ich wußte damals noch gar nicht, daß er als junger Mann, vor dem eigentlichen Eintrittsalter, noch in die Partei eingetreten war. Wie ich mich kenne, hätte ich ihm das sonst im nächsten Diskussionsgang noch unter die Nase gerieben.

Damals sagte ich ihm in der Diskussion, pragmatische Argumente in der Situation von 1948/49 ff. leuchteten mir durchaus ein, aber das entbinde einen nicht davon, ein bißchen genauer hinzusehen. Da gebe es all die Namen: von Globke und Oberländer und all diesen Figuren, die Dreck am Stecken und Blut an den Händen hatten und doch wieder in entscheidungsrelevanten Positionen auftauchten.

Es gab zunächst betroffenes Schweigen, bis Lübbe explodierte: So etwas lasse er sich nicht sagen als Demokrat. Was hätte es denn gekostet, meinte ich, einen anderen zum Chef des Kanzleramtes zu machen und einen braven Vertriebenen weiter im Ministerium zu lassen, anstatt Oberländer zu nehmen?

Man könnte das Lübbe-Argument noch weitertreiben: die Elitenkontinuität war nicht nur für die bundesdeutsche Stabilisierung notwendig – sondern war auch eine Bedingung für die moralische Entrüstung gegen die gleitenden Übergänge vom Nationalsozialismus in die Demokratie. Hat das nicht langfristig die Distanzierung vom Nationalsozialismus sehr befördert?

Ich hatte keine prinzipiellen Probleme mit diesem grundsätzlich pragmatischen Argument, daß man in einem Land mit mehr als 80 Millionen, von denen die große Mehrheit gejubelt und mitgemacht hat, nicht ein neues Staatswesen bauen konnte, wenn man nicht relativ großzügig war. Da hatte ich auch zu viele Erfahrungen mit der Gummersbacher Entnazifizierungskommission. Man kann das unter dem Funktionalitätsgesichtspunkt so formulieren. Auf lange Sicht, wenn ich Bilanz ziehe, würde ich sagen, hat eigentlich Lübbe sich in der öffentlichen Wahrnehmung durchgesetzt.

Das, was Sie zu politischem Engagement angetrieben hat – zuerst die ‹Ohne mich›-Bewegung, dann die Ostgebiete – das waren ja keine Themen, die auf die Kontinuität der alten Eliten bezogen waren. Wenn Ihre Generation sich derart über die Abgrenzung definiert hat, so erstaunt, daß man die Kontinuität nicht zum Thema machte. War das diskreditiert, weil Globke – als Beispiel genommen – von der DDR propagandistisch instrumentalisiert worden ist?

In meiner Erinnerung hat diese Kontinuitätsfrage, was das Führungspersonal angeht, Opposition verursacht. Man gab contra und argumentierte bissig. Aber viel dringlicher war die Frage, wie man mit der Oder-Neiße-Grenze umgehen sollte. Das war eigentlich das große Problem, das damals auch die Leute mobilisierte. Ich weiß noch, wie Golo Mann 1958 einen Brief an alle Historischen Seminare schickte und um Unterschriften für die Anerkennung der Oder-Neiße-Grenze bat. Die deutschen Ostgebiete seien passé und man müßte von der heillosen Position herunter, die Grenze im Osten um jeden Preis offen zu halten. Ich ging damit zu Schieder und fragte ihn, ob er auch unterschreibe. Schieder war sehr ernst und sagte: ‹Ich teile völlig Ihre Meinung und habe keinen Gedanken daran, daß da irgend ein Zentimeter wiederkommt. Aber ich habe dort 12 Jahre gelebt, meine Frau ist von einem Gut in Westpreußen und ich kenne das weitere Umfeld noch südlich von Ostpreußen. Ich kann das noch nicht öffentlich machen, das überfordert mich emotional.› In diesem Augenblick fand ich ihn ehrlich. Aber es gab damals Tumult, als diese Liste mit den Unterschriften gedruckt wurde. Ein Jahr später bin ich für die Dissertation in Polen gewesen, nachdem ich glaubte, ich könnte mich polnisch so weit verständigen. Da war Warschau ein einziger Trümmerhaufen. Von dort bin ich nach Breslau, wo ich damals Koselleck kennengelernt habe. Koselleck hat mir dann abends seine Heimatstadt Breslau gezeigt: den Trümmerberg, der früher sein Haus gewesen war, die Straße, die einst sein Gymnasium war. Da es in ganz Breslau kein Hotel gab, habe ich die ganze Zeit in zwei aneinandergestellten Sesseln bei einem Lemberger Professorenpaar geschlafen, das mich ganz reizend, aber zuerst etwas skeptisch aufgenommen hatte. Nach diesen Erfahrungen war ich ohnehin der Meinung, daß die Bundesrepublik offiziell auf die Ostgebiete verzichten müßte. Das war damals jedenfalls das dominierende politische Problem. Wenn mich damals einer vor die Wahl gestellt hätte, entweder nochmal einen Aufruf gegen Globke oder das alte Personal in den neuen Ämtern oder statt dessen für die Oder-Neiße-Grenze zu unterschreiben, hätte ich sofort für das aktuelle Problem optiert.

Noch einmal zurück zu der Frage, warum die Beteiligung von Historikern an öffentlichen Debatten ein deutsches Spezifikum ist, warum ihre Präsenz in den Medien so viel größer ist als in England oder Amerika. Sie machen jetzt die Nachwirkung der NS-Zeit sehr stark. Alternativ könnte man argumentieren, daß es eine lange Tradition in Deutschland gab. Für viele Professoren des Deutschen Kaiserreichs waren politische Intervention und Zugang zu den großen Zeitungen etwas Selbstverständliches.

In Deutschland ist das ganz sicher so. Diese ganze Generation von Treitschke und Schmoller, sie haben überall geschrieben, nicht nur in der Kreuz-Zeitung. Wenn andere Zeitungen sie fragten, haben sie dort geschrieben und auch mit anderen Medien wie Broschüren oder Flugschriften ständig interveniert. Dann kennt man dieses Professorenaufbäumen aus dem Ersten Weltkrieg oder auch das Engagement gegen Versailles nach dem Krieg. Die Frage ist, was daraus im ‹Dritten Reich› wird. Da gibt es die wirklich Gläubigen, die Rektoren wurden wie Gustav Adolf Rein in Hamburg, der den Ehrgeiz hatte, so etwas wie NS-Kultusminister zu werden, Heidegger in seiner schlimmen Phase – Leute wie er halten Rektoratsreden, drängen aber eigentlich nicht in die Medien, sie werden auch nicht – was ja möglich gewesen wäre – von Goebbels auf einer Liste gesammelt in dem Sinne: ‹Hier könnte man doch mal Herrn Heidegger um eine Stellungnahme bitten.› Da kenne ich keinen einzigen Fall. Nach dem Krieg, da würde ich zustimmen, ist das so, daß unter den Älteren ein Mann wie Karl Jaspers eine Ausnahme ist. Er hat den ganzen Krieg über seine Frau versteckt, die Schwester des jüdischen Historikers Gustav Mayer. Das wußten auch relativ viele in Heidelberg. Es ist einer der merkwürdigen Fälle, wo eine geschwätzige Fakultät wirklich den Mund gehalten hat. Jaspers hat es sofort gedrängt zu schreiben, in der «Sammlung», in der «Gegenwart», ebenso Hermann Heimpel.

Ich glaube, was den Unterschied in der aktuellen Situation markiert: Es gab letztlich doch, wenn ich mir die Generation vorstelle, die als junge Soldaten noch dabei waren, das Gefühl der Befreiung – man hat überlebt, so etwas darf nicht wieder passieren. Bei diesen Jüngeren in Deutschland, die überlebt hatten, war schon das Gefühl vorhanden, sich einmischen zu müssen, ohne daß ihnen die Tradition des öffentlich agierenden deutschen Professors bewußt war, das war jedenfalls nicht notwendig der Fall. Bei der Freundesclique um Habermas glaube ich, daß sie das gar nicht so genau wußten, aber das Gefühl hatten: Wir haben überlebt, und jetzt müssen wir uns engagieren. Als Soldat oder Flakhelfer hatten sie ihre Lektion gelernt. Mit der Wucht der ganzen Mitteilungen, die seit den Nürnberger Prozessen kamen, stellte sich dann heraus, daß es noch ganz andere Zäsuren gab als die eigene Lebenserinnerung. Bei den Amerikanern, weniger bei den Engländern, ist die Lage auch ganz klar. Für sie gab es, als sie dann von 1945 bis 1950 studiert haben, keinen Grund, sich groß für oder gegen Truman, für oder gegen Attlee einzuschalten.

Man kann das Traditionsargument noch anders formulieren: der Professor ist in Deutschland auch immer als Stimme der Obrigkeit wahrgenommen worden. Deshalb billigen die Leser – potentiell die Öffentlichkeit – seiner Meinung auch besonderes Gewicht zu.

Wenn ich mir diese Generation im Kaiserreich vorstelle, ist ganz klar, daß einige der erfolgreichsten Männer wie etwa Gustav Schmoller oder Adolf Wagner das ganze Prestige, das die Professoren damals besaßen, verkörperten. Sie waren hohe Staatsbeamte, sie waren im Zweifel auch in den Herrenhäusern der Einzelstaaten und machten Politik; das gilt auch für Troeltsch, der in den Begriffen des Kaiserreichs ein eher linker Liberaler war. Aber natürlich beteiligte er sich in der badischen oberen Kammer für die Universität, an der er tätig war. Es ist die Frage, ob sich das nach 1945 als Erinnerung wieder geltend machte, zumal viele ja anfingen zu schreiben, bevor sie eine akademische Position hatten. Habermas fing an zu schreiben, als wir alle in Bonn waren, und nahm sich Heidegger und Carl Schmitt vor, und zwar so furios, daß Karl Korn damals sagte: ‹Wollen Sie nicht in die Redaktion der FAZ eintreten?› Das war der Gipfel damals: «FAZ» oder «ZEIT». Auch Böckenförde fing mit seiner Kritik am Katholizismus 1933 als ganz junger Mann an. Dahrendorf hat ebenfalls, ehe er in Saarbrücken war, Sachen geschrieben, die ungewöhnlich waren für einen jungen Sozialwissenschaftler. Und man konnte auch nicht absehen, ob das karriereförderlich war. Bei vielen ist das dann kontinuierlich weitergelaufen. In dem Augenblick, wo sie die Sicherheit des Amtes hatten, hatten sie erst Recht das Gefühl, sie sollten sich engagieren.

Was war die erste größere Debatte, in der Sie selber beteiligt waren? Der Protest gegen die Wiederbewaffnung?

Ich habe keine Protestdemonstration für ‹Ohne mich› mitgemacht. Das war auch im wesentlichen noch in der Schulzeit in diesem etwas schläfrigen Winkel von Rheinpreußen, wo ich groß geworden bin. Wenn ich in Köln aufgewachsen wäre, hätte ich sicher bei irgend etwas mitgemacht. Das erste Mal politisch beteiligt habe ich mich bei den Aufrufen und Unterschriftensammlungen gegen die Oder-Neiße-Grenze.

Der Streit um die Ostverträge zog sich gut 10 Jahre hin – bis in die frühen 70er Jahre.

Das waren aber immer dieselben Namen, die man von den Unterschriftenlisten zur Oder-Neiße-Grenze kannte. Da war erst eine Liste, die hatte Hans Mommsen in der «FAZ» organisiert. Ein paar Tage später kam der Gegenaufruf, den machten Conze und Erdmann. Wenn man die Namen nimmt, waren das dieselben Fronten wie später zu Beginn des Historikerstreits. Damals 1972 war das eine ganz scharfe Polarisierung.

Aber die große innenpolitische Aufregung kam 1968. Das taucht jetzt in Ihrer Erzählung gar nicht auf. Liegt das daran, daß Sie sich in der Position des sich Habilitierenden oder frischgebackenen Privatdozenten nicht involvieren wollten? Oder war das schon eine neue Generation, die …

Ich war damals schon ein paar Jahre in Amerika gewesen und hatte Karl Popper gelesen. Hans Albert, mit dem ich in Köln viel zusammen war, war ja sozusagen Poppers deutscher Repräsentant. Er hatte mir sofort die «*Open society*» in die Hand gedrückt. Auch aus meiner Amerikaerfahrung dachte ich, daß man selbst große Gesellschaften durch Stückwerk-Reformen verändern könnte. Außerdem hatte ich aus meinem familiären Umfeld oder aus der Studienzeit keine intellektuelle oder emotionale Verbindung zu den damaligen Spielarten des Sozialismus. Es ging auch keiner aus meinem Bekanntenkreis in die SPD. Ich hatte keine innere Affinität. Und wenn abends im Fernsehen Krippendorf, Nevermann und Dutschke die Faust hochwarfen und die Internationale sangen, dann fand ich, daß das ein ziemlich groteskes Schauspiel war. Das zweite war, daß Köln völlig ruhig war. Es war eine große Uni, die sehr schnell expandierte. Als ich anfing, waren da 4000, ein paar Jahre später schon über 10000 Studenten. Da tat sich nichts. Einmal gab es von Leuten, die ich im Seminar hatte, den Versuch, über dem Haupteingang des alten Gebäudes ein Plakat aufzuhängen mit der Aufschrift ‹Rosa-Luxemburg-Universität›. Sie standen da, ich kam mit dem Fahrrad angefahren. Unten stand der Byzantinist Rubin und versuchte, auf den Tisch zu klettern, auf dem sie standen, rutschte aus und fiel hin. Er schrie mit lauter, klagender Stimme: ‹Sie haben mich niedergeschlagen.› Ich stand einen Meter daneben. Er war nur ein unbeholfener korpulenter Mann, der das Aufsteigen nicht geschafft hat. Das war das einzige Ereignis, an das ich mich erinnern kann. Als Benno Ohnesorg erschossen wurde, war völlig klar, daß Scheuch den Aufruf in der Kölner Uni zum Trauermarsch machte – kurze Zeit später vertrat er dann für den Bund Freiheit der Wissenschaft eine harte Gegenposition. Einmal hatte eine kleine Gruppe von Studenten ein großes Plakat ‹Theodor Schieder, die Wetterfahne der bürgerlichen Wissenschaft› aufgehängt. Da würde man heute, nach dem Frankfurter Historikertag 1998, denken, sie hätten irgend etwas aus Königsberg gewußt. Ich bin damals zu ihnen gegangen und habe gesagt: ‹Versuchen sie doch, eine Fachschaftsversammlung einzuberufen. Wir kommen dorthin und diskutieren, damit wir einmal hören, was Sie auf dem Herzen haben.› Das war unter den Kölner Assistenten umstritten, drei gingen nicht mit in die Fachschaft. Manchmal hing das einfach davon ab, ob von Anfang an Leute da waren, an die die Studenten sich wenden konnten. Ich habe z. B. mein Lehrprogramm immer vorgestellt und war auch bereit, ein Seminar über Marx zu machen. Als dann Hillgruber kam, war Mommsen gerade in Karlsruhe gelandet, ich war nach Berlin gegangen. Da haben sie ihn auch gefragt – an sich war das eine harmlose Clique –, ob er so etwas nicht auch einmal machen könnte. Er hat sich dann furchtbar aufgeregt, das sei eine Einschränkung der akademischen Freiheit. Dann haben sie natürlich eine Fachschaftsversammlung einberufen und überlegt, was sie machen sollten. Hillgruber reagierte hitzig. Bei mir lief das Telefon heiß, denn die Studenten fragten, was sie denn machen sollten, wie sie reagieren sollten. Es war aber keiner mehr da, der mit ihnen in Ruhe diskutierte oder sagte, er werde auch ein Seminar außerhalb der Reihe machen.

Wurde Ihre Berührung mit der 68er Bewegung intensiver, als Sie nach Berlin wechselten?

Im Grunde genommen habe ich aus dieser Berliner Zeit nur relativ flüchtige Eindrücke. Was mich gefuchst hat, war die Dogmatik der Roten Zellen. Als ich ein Seminar abhielt, kam auf einmal ein Haufen von 20 Studenten, machte die Türen hinter sich zu, und der Anführer sagte: ‹Wir wollen jetzt von euch die Unterschrift, daß ihr alle für die SEW stimmt.› Ich sagte: ‹Ich stimme nicht für die SEW, und ich kann auch nicht glauben, daß jemand hier so hirnrissig ist ...› Dann ging es los. Ich meinte: ‹Wenn Sie nicht die Tür aufmachen, werde ich mir Sie einzeln ansehen und Privatklage gegen Sie erheben.› Da waren dann manchmal die Puppen am Tanzen. Die Fetzen sind aber eigentlich nie geflogen. Jedenfalls war diese Berliner Zeit wissenschaftlich unergiebig, man bekam nur eine gewisse Witterung, wie es an einer Uni zuging, nachdem es dort Tumult gegeben hatte.

Wenn man Bilanz zieht, hat man den Eindruck, daß es bei Ihnen eine deutliche Distanzierung zum Protest gegen die neue Republik gab. Ist aus der jetzigen Warte die Distanz zu Personen wie Lübbe nicht sehr viel geringer als sie meist erscheint?

Lübbe galt damals als lesenswerter junger Philosoph und seinen Text über die Ideen von 1914 hatten wir alle gelesen. Wir fanden das richtig, daß er den Schritt tat, als Staatssekretär ins Düsseldorfer Wissenschaftsministerium einzutreten. Wir dachten, da sei endlich einmal jemand aus der richtigen Generation. Kaum war er etabliert, kam der '68er Knatsch – das ist das Schlüsselerlebnis für Lübbe gewesen. Er hatte das Gefühl, der Pöbel revoltiert, ging wieder aus dem Ministerium und flüchtete in die Schweiz. Das veränderte auch sein Ansehen unter den Jüngeren, denn ich fand, es war absolut unangebracht. Klaus von Beyme, den ich seit langem kenne, wurde damals als junger Politologe Rektor von Tübingen und sagte, das müsse man eben aushalten, so ein paar Eier und Farbbeutel. Da war ich anderer Auffassung. Ich habe den Studenten immer gesagt, wir könnten endlos diskutieren, aber wenn die ersten Farbbeutel oder Eier flögen, sähen sie mich nie wieder. Nie ist etwas passiert. Es hing auch damals viel davon ab, wie man sich verhielt. Koselleck z.B. gehörte für uns zu der kleinen Schmittianer-Clique in Heidelberg. Aber als der Zusammenstoß kam, und der war in Heidelberg sehr hart, ging Koselleck abends in die Pinte, wo sich die Studenten trafen und sagte: ‹Ich will doch mal hören, was Ihnen so vorschwebt.› Er hatte das Image des Liberalen, der sie nicht von vornherein abkanzelte.

Koselleck hat auch gern die Geschichte erzählt, wie er mit anderen ein ‹go in› beim SDS gemacht hätte, nach dem Motto: ‹Ihr kommt immer zu uns, jetzt gehen wir mal zu Euch.›

Und die verblüfften Gesichter sah, das ist schon wahr. Es gibt ein Argument, daß 1968 viele Leute, die der Republik noch skeptisch gegenüberstanden, dazu gebracht habe zu sagen: Wenn die mit solchen Argumenten attackiert wird, dann ist sie doch wohl verteidigenswert.

Was aber für Sie nicht zutraf, weil Sie sie schon seit den frühen 50er Jahren als die eigene wahrgenommen hatten …

Ich kannte damals noch nicht den Begriff der ‹zweiten Chance›, den Fritz Stern später publik gemacht hat. Aber das Grundgefühl war schon, daß das eine ungewöhnliche Chance war nach einem zweiten verlorenen totalen Krieg – unter im Grunde genommen erstaunlich freien Bedingungen. Keiner von uns hat doch – von den Lebensmittelmarken abgesehen – irgendwelche Einschränkungen nach 1949 zu spüren bekommen. Ich war der erste Semesterjahrgang in Köln, der nicht Trümmer schippen mußte. Aber sonstige Einschränkungen? Ich habe jeden rororo-Band gekauft, später habe ich sie alle verschenkt. Die Zeitschriften – die «Sammlung», die «Wandlung», den «Monat», den «Merkur» … – keiner hatte das Gefühl, daß es eine Einschränkung gab. Ich weiß noch, wie Christa Wolf 1991 in einem Interview sagte: ‹Sie werfen uns den Einfluß der

Russen vor. Bei ihnen war die Amerikanisierung ja auch nichts anderes.› Jürgen Habermas fand damals genau wie ich, daß man sie damit nicht durchkommen lassen durfte. Er hat ihr sofort contra gegeben und darauf hingewiesen, daß es doch wohl ein Riesenunterschied war, ob man Pressefreiheit, ein freies Parteienwesen und Reisefreiheit besaß usw. Es spielte ja schon eine wichtige Rolle, daß man ein paar Kilometer weiter östlich eine völlig andere Welt kannte.

Was war der erste größere Clash mit einer Öffentlichkeit über den Wissenschaftsbereich hinaus? War das der ‹Historikerstreit›?

Es war kein großer *Clash*, aber für ein schmales Taschenbuch gab es schon einen ziemlichen Tumult um das «Kaiserreich», das 1973 bei Vandenhoeck erschienen ist. Damals waren die meisten Universitätshistoriker nicht bereit, für den Lehrbetrieb zu schreiben. Sie waren alle zu sehr fixiert auf Monographien, die eine kleine Zunft wohlwollend oder kritisch zur Kenntnis nahm. Aber sie schrieben nicht mit dem Blick auf das Publikum, das mir vorschwebte. Ich dachte an den Studenten, Doktoranden oder jungen Studienrat, der in den 60er Jahren studiert hatte. Als das Buch erschien, ging die Debatte los, dann griff sie das Feuilleton auf. Ich habe das nicht als so einen tollen *Clash* empfunden, und ich hatte vorher auch schon Ähnliches erlebt. Die Dissertation war ja bieder, sie hat sich nur gehalten, weil das danach keiner mehr gemacht hat. Aber das Buch über «Bismarck und der Imperialismus», das 1969 herausgekommen war, hatte bis 1970 fünf Auflagen. Da war Kiepenheuer ganz verblüfft, Carola Stern vor allem, die damals dort Lektorin war, und Wellershoff, aber sie druckten das Buch unentwegt nach. Das hing mit dem Titel zusammen und damit, daß es über dieses Thema seit 1913 kein Buch mehr gegeben hatte. Rothfels fühlte sich gekränkt, weil sein Bismarck-Bild kritisiert wurde. Es gab dann schon eine lebhafte Debatte, die erheblich über den Tratsch in der Zunft hinausging. Vor allem rieben sich die Leute auch an dem Marx-Zitat über die Anatomie der bürgerlichen Gesellschaft, das ich der Einleitung als Motto vorangestellt hatte. Da lautete wirklich jede zweite Frage ganz lüstern: Gehören Sie jetzt zu den Neomarxisten? Ich sagte darauf immer, soweit ich mich selber kenne, sei ich sicher, daß ich das nicht tue, Marx sei aber ein kluger Mann gewesen. In Amerika habe ich so etwas nicht erlebt. Da gab es ja z. B. die Linken in Madison/Wisconsin um Bill Williams. Er galt in Amerika als Marxist, war aber ein lupenreiner Beardianer. Er hatte eine exzellente Truppe, die alle bekannte Historiker geworden sind, in den frühen 60er Jahren aus dem ganzen Land dahin gelockt. Sie haben dann bei ihm ihre Bücher geschrieben und sich wieder über das Land verteilt. Das führte in der Zunft zu dem Vorwurf: *He is a real red* – aber das interessierte nicht die *Los Angeles Times* oder die *New York Times*. Aber Sie haben grundsätzlich schon recht, der wirkliche *Clash*, der mehr als die Zunft bewegte, war der Historikerstreit.

In der Retrospektive: Halten Sie den ‹Historikerstreit› für ergiebig – sei es wissenschaftlich oder für das öffentliche Geschichtsbewußtsein der Bundesrepublik?

Ich fand ihn von Anfang an wissenschaftlich unergiebig. Ich hatte sehr bewußt die Fischer-Kontroverse mit erlebt. Da kann man sagen, was man will: In gewisser Hinsicht schien uns Fischer ja methodisch relativ naiv zu sein, aber er hatte den richtigen Riecher, daß man das Kontinuitätsproblem noch einmal neu aufwerfen müßte. Das ist ganz unbestreitbar. Ich kannte den Referenten der Kölner UB gut, weil ich dort viel arbeitete. Der stöhnte immer und sagte, ‹Ich muß wieder neue Freimeter schaffen, im Gefolge der Fischer-Kontroverse nimmt die Weltkriegsliteratur kein Ende.› Der Streit war schon ergiebig, es gab auch einen ungeheuren Sprung an Wissensvermehrung. Beim ‹Historikerstreit› hatte ich dagegen von Anfang an das Gefühl, das es sich um einen Streit um das politische Selbstverständnis der Bundesrepublik handelte. Ich wollte mich nicht gleich zu Beginn äußern; andere dagegen haben das schon relativ schnell getan. Außerdem wollte ich die ersten beiden Bände der «Gesellschaftsgeschichte» fertig haben, weil der Verlag drängte. Deshalb habe ich eine Stellungnahme von Mal zu Mal aufgeschoben, obwohl damals die Feuilletons und auch die politischen Teile der Zeitungen ganz heiß auf neue Äußerungen waren. Das Telefon bei mir zuhause hörte manchmal gar nicht auf zu klingeln. Als ich dann arbeitsmäßig etwas Luft hatte, habe ich in drei Wochen den Essayband über die «Entsorgung» geschrieben. Ich habe ihn im wesentlichen unverändert in den Druck gegeben, da der Verlag dazu bereit war, obwohl er von konservativen Historikern geradezu bedroht wurde. Die Klimax des ‹Historikerstreits› war schon vorbei, es war eine erste Bilanz, nachdem sich der Haupttumult gelegt hatte. Aber das ändert nichts daran, daß die Leute manchmal jetzt noch behaupten, ich sei von Anfang an am ‹Historikerstreit› beteiligt gewesen. Daß die ganze Sache wissenschaftlich nicht produktiv war, war mir klar. Aber damals ging es darum, Flagge zu zeigen.

Wissenschaftlich war der Streit ja eher kontraproduktiv, weil das, was Broszat zur selben Zeit formuliert hat und ‹Historisierung› genannt hat, als rechtslastig desavouiert worden ist. In den Jahren danach konzentrierte sich die Forschung zunehmend auf die Erforschung des Judenmordes selber. Das kam in

Deutschland erst nach dem ‹Historikerstreit› in Gang – ist aber nicht durch ihn inspiriert worden.

Nein, sie ist auch nicht durch vergleichende Arbeiten inspiriert worden. Das Merkwürdige war auch, daß sich kein Osteuropa-Historiker beteiligt hat, obwohl sie eigentlich gefragt gewesen wären. Aber die ganze Clique wollte nicht ins Gefecht. Dann schalteten sich die Politologen und Soziologen nicht ein, von denen ja viele '68er waren und sich eigentlich an der Diskussion hätten beteiligen müssen. Das ist immer noch nicht leicht erklärbar, warum das nur ein Streit unter den Historikern wurde. Aber daß es sich lohnte, bei der Debatte über das Selbstverständnis der Bundesrepublik noch einmal contra zu geben, das fand ich damals wie heute richtig.

Erklärungsbedürftig ist auch, daß dieses Thema Mitte der 80er Jahre so hochgekocht ist.

Ich habe Nolte früh kennengelernt, weil er sich bei Schieder habilitieren wollte. Er war ein etwas mönchischer Studienrat, der dann bald erzählte, daß er sich eigentlich bei Heidegger hätte habilitieren wollen. Als ich den «Faschismus in seiner Epoche» gelesen hatte, fand ich es schon sehr eindrucksvoll, wie er drei Komplexe vergleichend abhandelte. Schon im Buch über den Kalten Krieg waren aber merkwürdige Untertöne. Am ehesten hat es Lutz Niethammer gemerkt. Als dann die These kam, Hitler sei eigentlich ein bürgerlicher Anti-Lenin, war das ein gefundenes Fressen. Nolte ist ja nicht jemand, der aus spielerischem Spaß am Konflikt etwas zuspitzt. Er hatte bis dahin eigentlich ein erstaunliches Publikationspensum. Wenn man sich überlegt, «Faschismus» und «Kalter Krieg», das dtv-Bändchen über die faschistischen Bewegungen. Er hatte in meiner gelben Reihe den Band über Faschismustheorien gemacht, dann hatte er «Marxismus und Industrielle Revolution» geschrieben, ein sehr gescheites Buch. Da konnten sich die '68er Marxisten manches abschneiden. Dann kam das Bürgerkriegsbuch. Bis dahin hatte auch Joachim Fest, der sich von der Zunft mißverstanden fühlte und von ihr als Außenseiter nicht richtig gewürdigt sah – sie hatten manches an der Hitlerbiographie kritisiert, aber eigentlich hatten es alle für ein vorzüglich geschriebenes Buch gehalten –, in Nolte, einem Philosophen, der Historiker geworden war, auch einen Außenseiter gesehen, dem man unter die Arme greifen müsse.

Könnte man nicht zugespitzt formulieren: In der politischen Öffentlichkeit ist durch den ‹Historikerstreit› die Haltung der pauschalen Distanzierung vom Nationalsozialismus – um es mit Broszat zu formulieren – noch einmal bekräftigt worden? War deshalb der ‹Historikerstreit› nicht der Pyrrhussieg Ihrer Generation und hat die Historisierung im Sinne Broszats bis heute verhindert?

Broszat haben wir damals alle gelesen, die meisten von uns kannten ihn, ich kannte ihn schon seit 1952. Mir leuchtete das Historisierungsargument völlig ein. Ich fand die erste Kritik von Saul Friedländer auch ein bißchen kleinkariert. Es kann sehr gut sein, daß sein Plädoyer, wenn der Historikerstreit nicht gekommen wäre – den Broszat leidenschaftlich von der ersten Woche an contra Nolte mitgemacht hat–, auf eine andere Rezeption gestoßen wäre und es eine andere Debatte gegeben hätte. Aber ich hatte nicht den Eindruck, daß die Teilnehmer, die ich kannte, der Historisierung ausgewichen seien. Manche waren darunter, die sich erst relativ spät zur Intervention entschlossen, z.B. Christian Meier, damals der Vorsitzende des Historikerverbandes. Er war überhaupt nicht interessiert an einem Streit. Aber als er dann erlebte, wie sich der Konflikt entwickelte, reagierte er wie ein *homo politicus,* bekannte Farbe und holte Weizsäcker auf den Bamberger Historikertag. Er stellte sich auf die Seite der Kritiker Noltes, wurde durch den ‹Historikerstreit› richtig politisiert. Der Historisierungsappell von Broszat entsprach auch tiefen Instinkten, die die Historiker antrainiert bekommen, fremdartige Phänomene, je länger sie zurückliegen, desto intensiver zu historisieren.

Die damalige Diskussion war, noch einmal, keine wissenschaftliche Kontroverse, sondern es war das Klima, nachdem Kohl zum zweiten Male im Amt bestätigt worden war. Für die Kritiker in der damaligen Situation war entscheidend, daß man Helmut Schmidt eigentlich für den optimalen Bundeskanzler gehalten hatte und es diesem Pfälzer – schwer kalkulierbar, wahrscheinlich auch von uns allen damals unterschätzt – nicht gönnte, daß er auf diese Weise die Koalition gekippt und dann noch einmal in einer Bundestagswahl gewonnen hatte. In dieser Situation schien sich eine Art intellektuelles Klima entwickeln zu können, wo die Herren Stürmer mit ihrem Identitätsgesäusel, Hillgruber – von dem ich ja sonst als Historiker viel halte – mit diesem unsäglichen Bändchen über «Zweierlei Untergang» und Nolte mit Hitler als dem bürgerlichen Anti-Lenin auftraten. Das schien einen Vorstoß anzuzeigen. Wenn man es aus der anderen Perspektive sieht, könnte man sagen: ein Vorstoß, der die Hegemonie der linksliberalen Öffentlichkeit in Frage stellte.

Der zentrale Vorwurf an Nolte, Hillgruber und die anderen war der, daß sie die Einzigartigkeit, die Singularität des Holocaust leugneten. Die Shoah, so das Argument, dürfe mit Stalins Kulakenvernichtung oder den Morden Pol Pots nicht in einem Atemzug genannt werden. Ist das nicht ein implizites Vergleichsverbot?

Die Wichtigkeit des Vergleichs ist ja ganz unbestritten. In der Situation des ‹Historikerstreits› hatte die Gegenseite den – auch nicht systematisch erhobenen – Ruf nach dem Vergleich aber so angelegt, daß der Nationalsozialismus durch den Vergleich mit dem Massenmord des Bolschewismus von vornherein relativiert wurde. Die blutige Spur des Leninismus/Stalinismus bei der Herrschaftskonsolidierung, der Bolschewisierung des Landes, im Gulag, bei der Kulakenvernichtung ist ja völlig unbestritten. Aber der vom ‹Dritten Reich› und seinen Deutschen durchgeführte industrielle Massenmord an sechs Millionen Juden ohne Ansehen des Alters und des Geschlechts bleibt zusammen mit der Vernichtung von ebenfalls Millionen slawischer ‹Untermenschen› ein singuläres Ereignis, das man mit der sowjetischen Barbarei auf unzweifelhaft niedrigerem zivilisatorischen Entwicklungsniveau vergleichen kann, um Unterschiede und Ähnlichkeiten herauszuarbeiten; für die angestrebte Relativierung taugt der Vergleich aber nicht.

Sicher wäre es ein Gewinn gewesen, wenn das «Schwarzbuch des Kommunismus» früher herausgekommen wäre. Wenn auch die Zahlen nicht überall stimmen, war das eine furchtbare Bilanz, die als Gegengewicht ernstgenommen werden muß. Deshalb habe ich damals immer bedauert, daß die Osteuropa-Historiker sich nicht einklinkten und sagten: 30 oder 60 Millionen Opfer des Stalinismus, 30 des Maoismus, das sind doch erschreckende Größen. Heute bekommen wir das von jungen Russen zu hören: ‹Regen Sie sich doch mal ab mit Ihren Juden. Stellen Sie sich doch einmal vor, wir kommen aus einem Land, wo es die zehnfache Zahl an Toten gab.›

Man wußte natürlich auch nicht, was daraus werden würde, als Kohl diese Allüren mit Händchenhalten in Verdun oder auf dem Friedhof in Bitburg praktizierte. Wenn man das noch einmal aus der Distanz sieht, ist der Streit zum großen Teil zu erklären aus der Atmosphäre der späten 80er Jahre und der Befürchtung, es könne einer mächtigen Koalition von Konservativen gelingen, unterstützt von einigen Helfern in der Publizistik und in der Wissenschaft, den Nationalsozialismus zu relativieren. Das ist damals sicher eine Überdramatisierung gewesen. Es wäre auch eine ganz interessante kontrafaktische Frage, wie sich die Diskussion ausgewirkt hätte, wenn nicht zwei, drei Jahre später die Vereinigung erfolgt wäre. Dann traten auf einmal andere Probleme in den Vordergrund.

Im ‹Historikerstreit› mit seinen Frontstellungen und seinem Ausgang wurde ein Art Bilanz der Vergangenheitsverarbeitung der alten Bundesrepublik gezogen. Nur wenige Jahre später kam die ‹Wiedervereinigung›. Wie haben Sie zu ihr gestanden?

Ich habe damals das Historiker-Vorurteil geteilt, daß Großmächte ihr Vorfeld nicht freiwillig aufgeben. Deshalb hielt ich es für ganz unwahrscheinlich, daß die Sowjetunion ihren imperialen Gewinn aus dem Zweiten Weltkrieg, der ihre Panzer bis an die Elbe gebracht hatte, aufgeben würde. Den Spielraum von Gorbatschow hielt ich für gering, immerhin aber für ausnutzbar. Deshalb habe ich damals, auch öffentlich in Bielefeld, für Geduld plädiert; in einigen Jahren könne man, wenn die Sowjetunion stabil bleibe, das Verhältnis zu ihr und zur DDR neu ordnen. Wenige Wochen später kam alles ganz anders. Das war hinreichend Anlaß, über Handlungsspielräume in der Geschichte, Kontingenzerfahrungen und die Rolle von bedeutenden Persönlichkeiten in der Geschichte neu nachzudenken.

Aber hat die Sozialgeschichte nicht bis heute vor einer Diskussion darüber und einer Modifikation ihrer theoretischen Prämissen über Strukturen gekniffen?

Das kann ich nicht finden. 1990/91 hat es eine lebhafte Debatte gegeben, inwieweit die Sozialgeschichte der Rolle von Persönlichkeit und auch von Kontingenz besser als zuvor gerecht werden könnte. Jürgen Kocka hat sich zum Beispiel immer wieder dazu geäußert. Wir haben ja nie eine dogmatische Form der Sozialgeschichte, wie z. B. manche französischen und englischen Neomarxisten, vertreten. Insofern ist es eine Frage der Problematik, die man behandelt, der Flexibilität und der Gewichtung, wie man mit dieser Konfrontation mit einer unerwarteten Wirklichkeit umgeht. Im Grunde kommt jetzt alles auf die nächsten sozialhistorischen Monographien an, denn: *the proof of the pie is in the eating*!

Kann man aus der Geschichte lernen?

Die Frage ist, woraus man überhaupt etwas lernen kann, wenn nicht aus der Geschichte, weil es für den Menschen nur ein historisches Orientierungswissen gibt. Es gibt die große Alternative, daß man sich einen utopischen Entwurf zurechtlegt, der wird aber gewöhnlich ebenfalls aus irgendwelchen historischen Erfahrungen gespeist. Aber die Erfahrung, die mehrere Generationen mit diesen Utopien gemacht haben, sind einigermaßen deprimierend. Ich habe nie geglaubt, daß die Beschäftigung mit Geschichte einem in Entscheidungssituationen sagte, ob man in Mogadischu die Maschine stürmen oder das eben bleiben lassen sollte. Aber es gibt natürlich im Vorfeld von Entscheidungen hilfreiche historische Informationen, was die Konfliktlage angeht oder wie vergleichbare Konflikte ausgegangen sind. Ich meine schon, daß es ein Gewinn ist, wenn man historisches Orientierungswissen in Situationen besitzt, die politisches Handeln erfordern. Das kann sich dann aber nicht, das wäre eine naive Vorstellung, umsetzen in unmittelbares Entscheidungswissen, das einen zielstrebiger und besser steuert.

Gerade weil es im Kontext von Auschwitz immer wieder genannt wird – was kann man aus der Shoa lernen?

Was man lernen kann, ist, daß in einem Land, das im Frühjahr 1914 von der erdrückenden Mehrheit – wenn wir dazu sorgfältige demoskopische Umfragen hätten – der Engländer, Franzosen, Amerikaner als eines der zivilisierten Länder der Welt betrachtet worden wäre, durch den Ersten Weltkrieg und die Zeit danach ein solches Unheil angerichtet wird, daß es möglich wird, einen Teil der Bevölkerung so zu stigmatisieren, daß man schließlich vor der Ermordung nicht zurückschreckt.

Damit befinden wir uns aber noch auf der Ebene der Erklärungen. Lernen bedeutet ja mehr als Erklären. Lernen heißt handlungsleitendes Wissen erzeugen. Natürlich kann man versuchen, mehr oder minder gut historische Situationen zu analysieren, aber was kann man daraus theoretisch überhaupt lernen?

Es kommt darauf an, welche Ansprüche man mit Lernen verbindet. Man kann z.B. aus der deutschen Entwicklung seit 1914 lernen, daß es keine Sicherheit gibt, daß ein Volk der Dichter und Denker mit hohem Industrialisierungsniveau und entwickelter Gerichtsbarkeit, einem hohem Grade der Emanzipation und vielem anderem dagegen gefeit ist, eine menschenverachtende und mörderische Politik durchzusetzen, wenn der Staatsapparat von einer politischen Bewegung mit entsprechenden Zielen übernommen worden ist.

Als ich in Gummersbach aufwuchs, hatten wir einen jüdischen Kinderarzt. Er war auf einmal verschwunden, da hieß es, er mußte nach Australien gehen. Keiner wäre auf den Gedanken gekommen, wenn er geblieben wäre, hätte ihm etwas Schlimmes passieren können. Nach der ‹Reichskristallnacht› waren die meisten Leute nicht für diese Politik; sie waren auch dagegen, daß das schöne Eigentum zerstört wurde, aber sie fanden es doch bedrohlich, in wie viele Positionen Juden eingerückt waren. Die Vernichtungspolitik begann ja auch nicht für alle sichtbar. Bestimmte Wehrmachtseinheiten bekamen mit, daß die ersten kleinen Einsatzgruppen hinter der polnisch-deutschen Front schon bevorzugt nicht nur Intellektuelle, sondern auch Juden ermordeten. Aber dagegen wurde noch protestiert. Blaskowitz sagte, das gehe doch nicht, das Gebiet unterstehe militärischer Verwaltung. Dann bekam er als Strafe, daß er an die Westfront versetzt wurde, wo er ohnehin hin wollte, um die Franzosen zu schlagen. Die tödliche Barbarei ging eigentlich erst los, als der Vernichtungskrieg im Osten begann. Das ist das Argument, das sich in der Holocaust-Forschung immer mehr durchgesetzt hat.

In Amerika gibt es jetzt jedes Jahr neue Holocaust-Denkmäler. Keine Universität glaubt, ohne einen Holocaust-Lehrstuhl existieren zu können. Wenn die Amerikaner dabei lernten, daß man auch in einem wohlhabenden, gesicherten Land wie Amerika nicht dagegen gefeit ist, sich in bestimmten Drucksituationen so zu verhalten wie Leutnant Calley in Vietnam – das wäre ein Gewinn. Ich glaube, daß die mentale Ausstattung vieler Amerikaner es nicht so leicht macht, ein Verhalten zu erzeugen, wie es die SS- und SD-Einheiten entwickelt haben, die gezielt zur Liquidierung eingesetzt wurden. Aber daß man in einem großen Land mit 320 Millionen Menschen notfalls auch Einsatzgruppen fände, die Iraker erschössen, wenn diese erfolgreich gegen amerikanische Soldaten gekämpft hätten – da habe ich keine Schwierigkeiten, mir das vorzustellen. Dann spricht auch für eine vorsichtige Verallgemeinerung, wie schnell es den Bolschewiki gelungen ist, Einheiten zu bilden, die Millionen von Russen einfach umgebracht haben.

Wenn man den Nationalsozialismus historisiert, ergibt sich die Notwendigkeit, die Bundesrepublik politisch neu zu verorten. Haben Sie eine Prognose, welche neuen historischen Probleme uns zu politischen Antworten nötigen werden?

Ich bin der Meinung, daß der «Kampf der Kulturen» schon läuft und nicht erst zu befürchten ist. Huntington, den ich 1972 kennengelernt habe, ist ein *wise old bird.* Über Fukuyama hat er sich schwarz geärgert – seine Reaktion war ein Entwurf, einmal zu prüfen, wo überhaupt neue Konfliktlinien entstehen könnten. Er war in den Fronten des Kalten Krieges groß geworden, auch als Regierungsberater. Er war einer der wenigen Sozialwissenschaftler, die in der Modernisierungsforschung mit großer Ironie und Skepsis die naiven Modernisierungstheorien kritisiert hatten. Es ist schon verwunderlich, daß niemand vor ihm fragte, wo neue Konfliktlinien auftreten könnten – denn die Reibungsflächen zwischen den Kulturkreisen sind ja erheblich. Ich glaube, viele Kritiker haben die 600 Seiten gar nicht gelesen, sondern sich schnell ihre Meinung über diese düstere Prognose gebildet. Huntington beschränkt seine Thesen überhaupt nicht auf den Islam und den Westen, sondern behauptet, zwischen dem chinesischen Kulturkreis und dem südostasiatischen z. B. gebe es genau dieselben Reibungsflächen. Man kann auch beobachten, daß seit dem 11. September 2001 die Einsicht, daß sich da tatsächlich Konflikte aufstauen oder sich schon längst aufgestaut haben, gewachsen ist. Die Frage ist, in welchen Formen man jetzt in der öffentlichen Debatte damit umgeht. Da finde ich schon, daß die Historiker bei uns im allgemeinen schweigen. Wir haben ja auch kaum Nahostexperten. Wenn wir in London wären, könnten wir bis zum Wochenende mühelos 30 Leute zusammentrommeln. Einige Telefonanrufe, dann hätte man sie zusammen; bei uns ginge es absolut nicht.

Nun kann ich keine Marschroute vorgeben, wie man mit dem Konflikt umgehen sollte. Denn es ist ja ganz klar, daß die Hunderttausende, die man im Fernsehen gesehen hat, und die diese Karikaturen alle selber nicht gesehen haben, nicht alle zufällig unter ihrem Burnus eine dänische Flagge tragen, die sie auf einmal verbrennen können, daß das ganze Schauspiel also von den Diktatoren wie in Syrien organisiert worden ist. Aber ich finde, man könnte schon aus Konflikten, die sich eingefressen hatten, wie etwa zwischen Franzosen und Deutschen, der berühmten Erbfeindschaft, jetzt ein geschärfteres Wahrnehmungsvermögen entwickeln und sich auch früher eingestehen, daß das ein tiefreichender Konflikt ist, der gar nicht so leicht durch Entgegenkommen gelöst werden kann.

Je mehr ich mich da einlese, desto skeptischer werde ich. Meine Befürchtung ist, daß in den religiösen Grundannahmen des Islam tatsächlich eine Inkompatibilität mit demokratischen Gemeinwesen enthalten ist. Die Umma, die Gemeinschaft der Islamanhänger, kann gleichberechtigte Gemeinwesen mit anderer religiöser Ausrichtung eigentlich nicht anerkennen, sondern muß sie missionieren, notfalls auch im Dschihad. Vor allem aber gibt es, wenn der Pragmatismus die Koexistenz erfordert, noch immer nicht die Trennung von geistlicher und weltlicher Gewalt, von geistlichem und weltlichem Recht. Diese Trennung hat sich der Westen vor tausend Jahren im Kampf zwischen Papst- und Kaisergewalt hart erkämpft.

Ohne den säkularisierten Staat und das säkularisierte Recht ist eine innere Reformation des Islam nach meinem Eindruck nicht möglich. Auch die angeblich säkularisierte Türkei Kemal Atatürks unterhält heute noch ein Religionsministerium mit 270 000 Mitarbeitern, die das religiöse Leben regulieren.

Überträgt diese Sichtweise nicht die alte Frontstellung von ziviler Gesellschaft gegen die nationalsozialistische Dezivilisierung auf die Polarisierung von ‹Westen› einerseits und Islam andererseits?

Es würde mich auch nicht wundern, wenn wir jetzt eingeladen wären und abends in einem College in Oxbridge hockten und die alten Fellows wären da und sagten, das haben wir doch alles vor 100 Jahren schon durchgemacht, als Gegensatz zwischen zivilisierten und barbarischen Staaten. Es handelt sich in der Tat um einen Grundsatzkonflikt, und man kann nur betroffen sein, wieviel Stimmen im Westen in der Karikaturenfrage zur Nachgiebigkeit geraten haben. Damit unterwirft man sich schon im voraus den Regeln der Scharia.

Würden Sie sagen, daß das vielleicht auch ein Ende einer bundesdeutschen Selbstblockade ist, die darin bestand, daß man sich nach 1945 in der politischen Selbstwahrnehmung sehr lange über den Nationalsozialismus definierte? Was auch dazu führte, daß die Konflikte in der Welt ausgeblendet wurden …

Da bin ich sicher, daß diese weltweiten Konflikte heute nicht mehr ausgeblendet werden können. Das geht auch gar nicht mehr bei acht Millionen Ausländern im Land, darunter diese große Zahl von Muslimen. Man kann ja nur froh sein, daß hierzulande der Karikaturenmarsch nicht begonnen hat. Ich wüßte nicht, wie die Leute reagieren.

Die Hessen haben einen besonnen argumentierenden Innenminister. Er sagt immer, er lebe in einer Stadt wie Frankfurt, von der klar sei, daß in zehn Jahren Ausländer oder Menschen mit Migrationshintergrund die Mehrheit stellen werden. Ihm sei daher daran gelegen, daß das in friedlichen Formen erfolgt und man sich rechtzeitig verständigt, welche Aufnahmebedingungen erfüllt, welche Sprachkenntnisse überprüft werden sollten. Das ist auch meine Meinung.

Ich glaube, da ist ein schleichender Erosionsprozeß in Gang gekommen in dem Sinne, daß in der Bundesrepublik in dem Augenblick, wo sie sich als etablierte Mittelmacht ‹normal› verhalten soll, die Berührungspunkte zur NS-Vergangenheit schwinden. Der Großmufti von Jerusalem hat Hitler sehr begrüßt, weil er so mit den Juden umsprang. Aber sonst gibt es außerordentlich wenige Berührungspunkte, die heute die Konflikte mit den Muslimen in Verbindung mit der NS-Zeit setzen. Wenn es – was ja jeden Tag passieren kann – im Kosovo noch einmal losgeht, weil die Albaner auf Selbständigkeit bestehen, dann möchte ich einmal sehen, wer sie bremsen will. Ich glaube nicht, daß die EU ihre Einsatztruppe schickt, um eine nationale Selbständigkeitsbewegung zu stoppen. Was will man dann aber machen? Es ist einem nicht damit geholfen zu sagen, daß 1941 schon einmal deutsche Truppen in der Gegend stationiert waren. Die Probleme jetzt haben damit gar nichts mehr zu tun. Es kann natürlich auch illusionär sein zu glauben, daß man sich politisch klüger verhält, wenn man gespeicherte historische Kenntnisse hat. Hans-Peter Schwarz etwa bemüht sich ja sehr, Adenauer als einen historisch klugen Mann zu präsentieren. Ich weiß nicht, ob dessen eigentliche Fähigkeit das lange historische Gedächtnis war. Er ist ja in gewisser Hinsicht ein Kind der wilhelminischen Fortschrittszeit, er steht auch ganz anders, als manche geglaubt haben, hinter der Modernisierungswelle der 50er Jahre. Man weiß nicht, ob seine politischen Künste auf gespeichertem historischen Wissen beruhen oder auf Lebenserfahrungen. Insofern will ich gar nicht in die Ecke jener Forderung kommen, daß jeder Bundeskanzler am besten ein studierter Historiker wäre.

Könnte man nicht aus der Geschichte des Westens lernen, daß für dauerhaft stabile Demokratien bestimmte Voraussetzungen vorhanden sein müßten: Rechtsstaatlichkeit, eine Form von Wohlstand, Marktwirtschaft? Schließt man nicht die Möglichkeit des Lernens aus, wenn man behauptet, es gebe eine Unvereinbarkeit bestimmter islamischer Grundpositionen mit demokratischen Verfahren? Oder können Muslime nicht lernen?

Das ist die berühmte Lipset-These, daß es einen notwendigen Zusammenhang gibt zwischen Wohlstandsentwicklung und institutioneller Absicherung im Sinne von relativ freier marktwirtschaftlicher Arena und relativ stabiler Demokratie. Man hat das ironisiert und gesagt, das sei die Eisenhowerzeit in theoretische Formen gegossen. Jetzt hat aber ein früherer Doktorand von Lipset das noch einmal international vergleichend geprüft, mit dem Ergebnis, eigentlich habe der Alte ziemlich recht gehabt. Wir können das in mancher Hinsicht skeptisch sehen, aber das ist so ähnlich wie das Argument mit den Nationalstaaten. Wenn man nicht schon eine stabile Staatstradition hat mit geordneten Institutionen und geregelter Verwaltung, kann man keinen stabilen Nationalstaat daraufpflanzen, da das tragfähige Fundament noch fehlt. Schwarzafrika, wo man diese Basis nicht hat, ist das beste Exempel hierfür. Das einzige Beispiel dagegen, daß dieser Transfer-Nationalismus immer scheitert, könnte aber China werden, weil die Chinesen mühelos das Imperium zu einer Frühform des Nationalstaates umdefinieren und die kulturelle Einheit der Han-Chinesen als nationale Identität beschreiben könnten. Das ist aber der einzige mir sonst geläufige Ausnahmefall. In Indonesien dagegen kann ich mir nicht vorstellen, wie 2000 Inseln mit 2000 Dialekten und Glaubensformen auf die Dauer als Nationalstaat funktionieren können. Genau dasselbe gilt für Afrika. Aber ich würde, um das direkt zu beantworten, auch mit einem extremen Maß an Skepsis die demokratischen Entwicklungsmöglichkeiten für die ca. 200 Millionen Araber sehen, die durchweg in autoritären Systemen organisiert sind, um es noch vorsichtig auszudrücken. Da kann ich mir nicht vorstellen, daß dort in absehbarer Zeit Demokratien entstehen. Das ist auch die Stoßrichtung des Entwicklungsberichts für die UNO, der von arabischen Intellektuellen geschrieben worden ist. Ich habe längere Auszüge gelesen: Es ist eine verzweifelte Beschwörung, es könne nicht gut gehen, wenn nicht eine andere allgemeine Schulbildung, Emanzipation von Frauen, demokratische Institutionen kämen.

Welche Konsequenz soll man daraus ziehen, wenn dieser institutionelle und mentale Unterbau fehlt? Meines Erachtens kann es nur auf ganz lange Sicht gelingen, die Demokratie in den Nahen Osten zu exportieren, keinesfalls mit militärischer Intervention. Ich weiß aber auch nicht, wie man selbst mit einem ganz langen Atem ein besonders orthodoxes islamisches Regime wie das der Saudis von außen her beeinflussen will.

Man könnte die Türkei als Testfall dafür betrachten, wo ja im 20. Jahrhundert über die Schiene des Nationalismus ebendiese Form von Modernisierung versucht worden ist. Sind dadurch die Bedingungen für eine Demokratisierung gelegt worden?

Das ist die offene Frage, ich weiß das auch nicht. Die Türkei taucht als historisches Forschungsgebiet in Deutschland kaum auf. Aber das, was ich an amerikanischer Literatur lese, läuft darauf hinaus, daß seit 1995/96 eine vehemente Re-Islamisierung über Hunderte von nicht lizensierten Fernsehsendern, Zeitungen, Schulen läuft. Angeblich pumpen die Saudis Milliarden hinein. Man weiß auch nicht, ob die AKP sich allmählich verändert in eine überwiegend säkularisierte Partei oder ob sie Religionspartei bleibt, weil sie zu drei Vierteln aus der alten Erbakan-Partei entstanden ist, der ersten geschlossen islamistischen Partei der Türkei. Und es war kein Zufall, daß sie mehrheitsfähig wurde. Wenn die Militärs nicht einen verschleierten Putsch riskiert hätten, wäre Erbakan Ministerpräsident geblieben. So haben sie ihn einfach hinter den Kulissen abgesetzt. Dann hat Erdogan die Trümmer und die Peripherie neu organisiert. Im Augenblick gibt es in Europa kaum einen Nationalismus in einer so leidenschaftlichen Form wie den türkischen. Ich sehe nicht, wie er zu dem positiven Ausgang des europäischen Experiments beitragen kann.

Ihr Argument dafür, daß die Türkei nicht EU-Mitglied werden sollte, lautet, daß die Türkei nicht zu Europa gehört. Beruht diese Behauptung nicht auf einem essentialistischen Europaverständnis, das unberücksichtigt läßt, das sich die Vorstellungen von dem, was Europa ist, historisch gewandelt haben?

Es geht um ein historisches Verständnis von Europa, das grosso modo in den letzten tausend Jahren allmählich entstanden ist, das auch flüssige Grenzen und sich auch nach Osten ausgedehnt hat. Dieses Europa hat aber bestimmte Grunderfahrungen gemacht, zum Teil auch sehr blutige, die es grundsätzlich unterscheiden von seinen Nachbarn. Man kann sagen – was ja viele jetzt tun, auch in Berlin –, die EU funktioniere ohnehin nicht mehr, sie sei zu groß geworden und wir müßten sehen, daß sie sich zu einer funktionsfähigen Freihandelszone entwickele. Dann ist es auch nicht so wichtig, ob auch noch die Ukraine dazukommt und die Türkei. Aber wenn man an dem ursprünglichen politischen EU-Projekt festhält, wenn man überhaupt an der Zielvorstellung einer Europäischen Union festhält – dann geht das nicht. Ich glaube, das ist auch wieder in hohem Maße eine generationsspezifische Entscheidung, ob man die europäische Einheit nach den Kriegen des vergangenen Jahrhunderts für etwas Erstrebenswertes hält. Wenn man daran festhält, muß man auch den Mut haben, die Grenzen zu bestimmen. Man kann nicht Moldavien und die Ukraine und Weißrußland, geschweige denn Georgien oder die Türkei in dieses politische Projekt integrieren.

Größere politische Einheiten, wenn wir am politischen Projekt der Europäischen Union festhalten, sind nur überlebensfähig, wenn sie zu ihren Grenzen stehen. Das kann man auch historisch gut begründen. Es gibt keine ernsthafte Debatte in Amerika, Mexiko in irgendeiner härteren Form als durch eine Freihandelszone zu integrieren. Da kann ich die Widerstände beider Seiten nur zu gut verstehen. Wenn der politische Wille erlahmt oder die jüngere Generation sagt, im Grunde genommen verlaufe doch alles ganz friedlich, will man aber von dem politischen Einheitsprojekt nichts mehr wissen. Außerdem glaube ich, daß das historische Argument, das man seit Paul Kennedys Buch auch generell kennt, absolut zutrifft: die ‹imperiale Überdehnung›. Natürlich stimmen die türkischen Angaben über angeblich 72 Millionen Türken nicht. Die demographischen Wachstumsraten sind mit jährlich 3.5% riesig groß, wenn man die kleinen Promille-Zahlen der EU-Länder daneben sieht. Wenn es denn auf 2013 oder 2014 als Beitrittsdatum hinausliefe, sind es auf jeden Fall 90 Millionen, die in der Türkei leben, abgesehen von den Auslandstürken. Das ist ein ganz anderer Brocken, als wenn man sich jetzt den Ruck gäbe – wofür nichts spricht – das muslimische Albanien zu integrieren. Das wären maximal sechs Millionen und nicht einfach. Aber einen Großstaat wie die Türkei mit der größten

Bevölkerungszahl in der EU, da sehe ich überhaupt nicht, wo die Ressourcen herkommen sollen. Warum sollten die neuen Mitglieder, die man bisher mühsam bei der Kandare gehalten hat, weiter ihre Interessen verleugnen und die Mittel mit den Neuen teilen?

Bei einer Kosten-Nutzen-Analyse sehe ich, daß der Europabeitritt vor allem für den türkischen Nationalismus zu einem Lackmustest wird. Die interessantesten Diskussionen hatte ich mit türkischen Kollegen. Das waren Politologen, Neuzeithistoriker und Ökonomen. Sie haben die Lage ausgesprochen kühl analysiert, und es lief immer auf dasselbe hinaus: ‹Trau'› bloß nicht unserer Statistik, die Steigerung Churchills: «Lüge, gemeine Lüge, Statistik» gilt auch für die Türkei; die meisten Probleme, die nach der Zollunion übrig geblieben sind, können wir bilateral lösen. Wenn jetzt nur nicht das Nationalgefühl so hoch gespielt würde. Für uns, deren Kinder in der Schweiz, in Deutschland, in Amerika studieren, wäre das natürlich eine willkommene Bestätigung, daß wir zu Recht auf den Westen setzen.›

Eine ganz andere Frage. Ist Ihnen je ein politisches Amt angetragen worden?

Nein.

Gab es mal die Überlegung, es könnte reizvoll sein, politisch zu gestalten?

Nein, ich hatte immer eine heilsame Abneigung dagegen, mich in dem eigentlichen politischen Betrieb aufzuhalten. Dort einmal zu reden oder zu diskutieren – ja. Aber ich war kurz einmal in der Gruppe, die den ersten ‹Bericht über die Lage der Nation›, den Brandt damals in Auftrag gab, verfassen sollte. Das machte Peter Christian Ludz, der als Politologe damals noch in Bielefeld war. Ich bin dann nach Bonn gefahren, da tagte man ohne Pause, von Freitagabend bis Sonntag in die Nacht auf Montag. Nachdem man zwei Nächte durchgemacht hatte, sagte ich: ‹Nein, ich mache das nicht. Dann bin ich Montag wie gerädert und so wichtig ist es mir auch wieder nicht, Ihr bekommt das schon alleine hin.› Diese Erfahrung hat meine Abneigung gegen intensiven politischen Betrieb gestärkt, obwohl das nur ein Beratergremium gewesen wäre.

Worin liegt die Bedeutung des politischen Intellektuellen für die demokratische Gesellschaft?

Seit den Aufklärungsintellektuellen gilt die Maxime für *Public Intellectuals*, ihrer Gesellschaft einen kritischen Spiegel entgegenzuhalten. Nur eine auch von Intellektuellen getragene kritische Öffentlichkeit kann helfen, die Auswüchse der Macht zu kontrollieren und schließlich zu korrigieren. Es scheint mir schon ein erstaunliches Phänomen zu sein, welches weite Terrain die Bundesrepublik ihren politischen Intellektuellen seit den 1950er Jahren geboten hat. Diesen Spielraum sollten sie weiter ausnutzen.

Wenn Sie das letzte halbe Jahrhundert Revue passieren lassen – wie hat sich das Verhältnis von Geschichte und Öffentlichkeit verändert?

In gewisser Hinsicht gehöre ich zu den Lobrednern der alten Bundesrepublik. Vor allem auch deshalb, weil sie es innerhalb von zwei, drei Jahrzehnten fertig gebracht hat, sich den Verbrechen des vergangenen eigenen Staates selbstkritisch zu stellen. Völker tun das im allgemeinen äußerst ungern. Man braucht nur an die Verdrängung der Kolonialkriege unserer westlichen Nachbarn: Frankreichs und Englands, Hollands und Belgiens, zu denken. Zu dieser Leistung der Westdeutschen (von der die Ostdeutschen durch die dogmatische Politik ihres Regimes ganz ausgeschlossen waren) gehört auch die Aufwertung der Geschichte, namentlich der Zeitgeschichte. Insofern haben Bracher, Broszat und Hans Mommsen, hat das Münchner Institut für Zeitgeschichte, haben Hunderte von jüngeren Historikern und Historikerinnen im geistigen Haushalt des Landes eine wichtige Rolle gespielt.

Welche Rolle spielt Geschichte heute in der Öffentlichkeit? Wie wird sie präsentiert und wahrgenommen?

Im Vergleich mit anderen Ländern, in denen ich mich etwas auskenne, spielt sie weiterhin eine große Rolle. Man braucht nur das wöchentliche Fernsehprogramm zu überprüfen. Man mag manche der zahlreichen Dokumentationsserien über das ‹Dritte Reich› kritisieren, aber aufs Ganze gesehen leisten die anschaulichen Berichte ihren Anteil an Aufklärung.

Vermutlich wird die Auseinandersetzung mit der Geschichte eher auf dem Bildschirm wahrgenommen als durch die Lektüre der zahlreichen historischen Bücher, die alljährlich erscheinen. Andererseits sollte man das konventionelle Printmedium nicht unterschätzen. Nicht selten übertreffen die Auflagenzahlen dieser historischen Bücher bei weitem die Zahlen, die auf dem ungleich größeren englischsprachigen Markt riskiert werden. Kurzum, in Deutschland hält eine lebhafte Auseinandersetzung namentlich mit der eigenen Vergangenheit weiter an. Die Historiker sollten diese Gunst der Stunde nutzen.

Anhang

Verzeichnis der Literatur, auf die im Gespräch Bezug genommen wird

(mit ursprünglichem Jahr der Veröffentlichung)

Abelshauser, Werner, Deutsche Wirtschaftsgeschichte seit 1945, München 2004.

Blickle, Peter, Hg., Handbuch der Geschichte Europas, Stuttgart 2002 ff.

Bourdieu, Pierre, Die feinen Unterschiede. Kritik der gesellschaftlichen Urteilskraft (1979), Frankfurt 1982.

Ders., Die männliche Herrschaft (1998), Frankfurt 2005.

Bracher, Karl Dietrich, Die Auflösung der Weimarer Republik. Eine Studie zum Problem des Machtverfalls in der Demokratie, Stuttgart 1955.

Breuilly, John, Auf dem Weg zur deutschen Gesellschaft? Der dritte Band von Wehlers «Gesellschaftsgeschichte», in: Geschichte und Gesellschaft 24. 1998, S. 136–168.

Broszat, Martin, Plädoyer für eine Historisierung des Nationalsozialismus (1985), in: ders., Nach Hitler, München 1988, S. 266–281.

Ders. u. Saul Friedländer, Um die «Historisierung des Nationalsozialismus». Ein Briefwechsel, in: Vierteljahrshefte für Zeitgeschichte 36. 1988, S. 339–372.

Brunner, Otto, Das Problem einer europäischen Sozialgeschichte (1954), in: ders., Neue Wege der Verfassungs- und Sozialgeschichte, Göttingen 1980[3], S. 80–102.

Cannadine, David, Hg., Winston Churchill in the Twenty-first Century, Cambridge 2004.

Ders., The Decline and Fall of the British Aristocracy, New Haven 1990.

Conrad, Sebastian, Deutsche Arbeit, Habil.schrift FU Berlin 2005.

Conze, Werner, Hirschenhof. Die Geschichte einer deutschen Sprachinsel in Livland, Berlin 1934.

Dokumentation der Vertreibung der Deutschen aus Ost-Mitteleuropa. In Verbindung mit Adolf Diestelkamp, Rudolf Laun, Peter Rassow, Hans Rothfels (und ab Bd. 3 mit Werner Conze), bearbeitet von Theodor Schieder, hg. vom Bundesministerium für Vertriebene, Bd. 1–4, Bonn 1956–1961.

Ebbinghaus, Angelika, u. Karl-Heinz Roth, Vorläufer des «Generalplan Ost». Eine Dokumentation über Theodor Schieders Polendenkschrift vom 7. Oktober 1939, in: 1999. Zeitschrift für Sozialgeschichte des 20. und 21. Jahrhunderts 7. 1991, S. 62–94.

Elias, Norbert, Studien über die Deutschen. Machtkämpfe und Habitusentwicklung im 19. und 20. Jh., Frankfurt 1989.

Engerman, Stanley L., u. Robert William Fogel, Time on the Cross, 2 Bde., London 1974.

Fahlbusch, Michael, Wissenschaft im Dienst der nationalsozialistischen Politik? Die «Volksdeutschen Forschungsgemeinschaften» von 1931–1945, Baden-Baden 1999.

Fest, Joachim C., Hitler. Eine Biographie, Frankfurt 1973.

Fischer, Fritz, Griff nach der Weltmacht. Die Kriegszielpolitik des kaiserlichen Deutschland 1914–1918, Düsseldorf 1961.

Frevert, Ute, Frauen-Geschichte. Zwischen Bürgerlicher Verbesserung und Neuer Weiblichkeit, Frankfurt 1986.

Gall, Lothar, Elitenkontinuität in Wirtschaft und Wissenschaft: Hindernis oder Bedingung für den Neuanfang nach 1945? Hermann Josef Abs und Theodor Schieder, in: Historische Zeitschrift 279. 2004, S. 659–676.

Geißler, Rainer, Die Sozialstruktur Deutschlands. Zur gesellschaftlichen Entwicklung mit einer Zwischenbilanz zur Vereinigung, Opladen 1996.

Geschichtliche Grundbegriffe. Historisches Lexikon zur politisch-sozialen Sprache in Deutschland, hg. v. Otto Brunner, Werner Conze u. Reinhart Koselleck, Stuttgart 1972 ff.

Haar, Ingo, Historiker im Nationalsozialismus. Deutsche Geschichtswissenschaft und der «Volkstumskampf» im Osten, Göttingen 2000.

Habermas, Jürgen, Strukturwandel der Öffentlichkeit. Untersuchungen zu einer Kategorie der bürgerlichen Gesellschaft, Neuwied 1962.

Haupt, Heinz-Gerhard, Nationalismus und Demokratie. Zur Geschichte der Bourgeoisie im Frankreich der Restauration, Frankfurt 1974.

Hennis, Wilhelm, Max Webers Fragestellung. Studien zur Biographie des Werks, Tübingen 1987.

Herbert, Ulrich, Best. Biographische Studien über Radikalismus, Weltanschauung und Vernunft 1903–1989, Bonn 1996.

Hillgruber, Andreas, Zweierlei Untergang. Die Zerschlagung des Deutschen Reiches und das Ende des europäischen Judentums, Berlin 1986.

Hintze, Otto, Staat und Verfassung. Ges. Abhandlungen zur allgemeinen Verfassungsgeschichte, Leipzig 1941.

Hockerts, Hans Günter, Drei Wege deutscher Sozialstaatlichkeit: NS-Diktatur, Bundesrepublik und DDR im Vergleich, München 1998.

Hölscher, Lucian, Geschichte der protestantischen Frömmigkeit in Deutschland, München 2005.

Huerkamp, Claudia, Der Aufstieg der Ärzte im 19. Jahrhundert. Vom gelehrten Stand zum professionellen Experten: Das Beispiel Preußens, Göttingen 1985.

Huntington, Samuel P., Der Kampf der Kulturen. Die Neugestaltung der Weltpolitik im 21. Jahrhundert (1996), München 1996.

Jaeger, Friedrich, Bürgerliche Modernisierungskrise und historische Sinnbildung. Kulturgeschichte bei Droysen, Burckhardt und Max Weber, Göttingen 1994.

Kaelble, Hartmut, Auf dem Weg zu einer europäischen Gesellschaft. Eine Sozialgeschichte Westeuropas 1880–1980, München 1987.

Kaufmann, Franz Xaver, Varianten des Wohlfahrtsstaats. Der deutsche Sozialstaat im internationalen Vergleich, Frankfurt 2003.

Kehr, Eckart, Schlachtflottenbau und Parteipolitik 1894–1901, Berlin 1930.

Ders., Der Primat der Innenpolitik, hg. v. Hans-Ulrich Wehler, Berlin 1965.

Kennedy, Paul, Aufstieg und Fall der großen Mächte. Ökonomischer Wandel und militärischer Konflikt von 1500 bis 2000 (1988), Frankfurt 1989.

Kocka, Jürgen, Karl Marx und Max Weber. Ein methodologischer Vergleich, in: Zeitschrift für die gesamte Staatswissenschaft 122. 1966, S. 328–357.
Ders., Unternehmensverwaltung und Angestelltenschaft. Zum Verhältnis von Kapitalismus und Bürokratie in der deutschen Industrialisierung, Stuttgart 1969.
Ders., Klassengesellschaft im Krieg. Deutsche Sozialgeschichte 1914–1918, Göttingen 1973.
König, René, Niccolò Machiavelli. Zur Krisenanalyse einer Zeitenwende, Zürich 1941.
Ders. Hg., Handbuch der empirischen Sozialforschung, Stuttgart 1962 ff.
Lepsius, M. Rainer, Das Modell der charismatischen Herrschaft und seine Anwendbarkeit auf den «Führerstaat» Adolf Hitlers, in: ders., Demokratie in Deutschland. Soziologisch-historische Konstellationsanalysen, Göttingen 1993, S. 95–118.
Lübbe, Hermann, Der Nationalsozialismus im deutschen Nachkriegsbewußtsein, in: Historische Zeitschrift 236. 1983, S. 579–599.
Luhmann, Niklas, Die Gesellschaft der Gesellschaft, Frankfurt 1997.
Marx, Karl, Das Kapital. Kritik der politischen Ökonomie, 3 Bde., Hamburg 1867/1893/1894 (Marx Engels Werke, Bd. 23–25, Berlin 1962/1963/1964).
Meinecke, Friedrich, Das Stralendorffsche Gutachten und der Jülicher Erbfolgestreit (1886), in: ders., Brandenburg – Preußen – Deutschland. Kleine Schriften zur Geschichte und Politik, Stuttgart 1979, S. 3–59.
Moses, Dirk, Die 45er. Eine Generation zwischen Faschismus und Demokratie, in: Die Neue Sammlung, 40. 2000, S. 211–232.
Müller-Link, Horst, Industrialisierung und Außenpolitik. Preußen-Deutschland und das Zarenreich von 1860 bis 1890, Göttingen 1977.
Neumann, Franz, Behemoth. Struktur und Praxis des Nationalsozialismus 1933–1944 (1942), Köln 1977.
Nolte, Ernst, Der Faschismus in seiner Epoche. Die Action francaise, der italienische Faschismus, der Nationalsozialismus, München 1963.

Ders., Die faschistischen Bewegungen. Die Krise des liberalen Systems und die Entwicklung der Faschismen, München 1966.
Ders., Deutschland und der Kalte Krieg, München 1974.
Ders., Marxismus und industrielle Revolution, Stuttgart 1983.
Ders., Der europäische Bürgerkrieg 1917–1945. Nationalsozialismus und Bolschewismus, Frankfurt 1987.
Nolte, Paul, Die Ordnung der deutschen Gesellschaft. Selbstentwurf und Selbstbeschreibung im 20. Jahrhundert, München 2000.
Osterhammel, Jürgen, China und die Weltgesellschaft. Vom 18. Jahrhundert bis in unsere Zeit, München 1989.
Puhle, Hans-Jürgen, Agrarische Interessenpolitik und preußischer Konservativismus im wilhelminischen Reich (1893–1914), Hannover 1967.
Ritter, Gerhard, Gegenwärtige Lage und Zukunftsaufgaben deutscher Geschichtswissenschaft, in: HZ 170 1950, S. 1–22.
Ritter, Gerhard A., Der Sozialstaat – Entstehung und Entwicklung im internationalen Vergleich, München 1989.
Rosenstock-Huessy, Eugen, Die europäische Revolutionen. Volkscharaktere und Staatenbildung, Jena 1931.
v. Salomon, Ernst, Der Fragebogen, Hamburg 1951.
Schieder, Theodor, Die kleindeutsche Partei in Bayern in den Kämpfen um die nationale Einheit 1863–1871, München 1936.
Ders., Staat und Gesellschaft im Wandel unserer Zeit, München 1958.
Ders., Begegnungen mit der Geschichte, Göttingen 1962.
Ders., Geschichte als Wissenschaft, München 1965.
Ders. Hg., Handbuch der europäischen Geschichte, Stuttgart 1973 ff.
Ders., Friedrich der Große. Ein Königtum der Widersprüche, Frankfurt 1983.
Schmidt, Manfred G., Sozialpolitik in Deutschland. Historische Entwicklung und internationaler Verleich, Wiesbaden 2005[3].
Schöttler, Peter Hg., Geschichtsschreibung als Legitimationswissenschaft, Frankfurt 1997.
Schwarz, Hans-Peter, Adenauer, 2 Bde., Stuttgart 1986/1992.
Weber, Max, Gesammelte Aufsätze zur Religionssoziologie, 3 Bde., Tübingen 1920/1921/1921.
Ders., Gesammelte Aufsätze zur Wissenschaftslehre, Tübingen 1922.
Ders., Wirtschaft und Gesellschaft, Tübingen 1922.

Wehler, Hans-Ulrich, Sozialdemokratie und Nationalstaat. Die deutsche Sozialdemokratie und die Nationalitätenfragen in Deutschland von Karl Marx bis zum Ausbruch des ersten Weltkriegs, Würzburg 1962.

Ders. Hg., Moderne deutsche Sozialgeschichte, Köln 1966.

Ders., Bismarck und der Imperialismus, Köln 1969.

Ders., Krisenherde der Kaiserreichs 1871–1918. Studien zur deutschen Sozial- und Verfassungsgeschichte, Göttingen 1970.

Ders. Hg., Imperialismus, Köln 1970.

Ders. Hg., Geschichte und Soziologie, Köln 1972.

Ders. Hg., Geschichte und Ökonomie, Köln 1973.

Ders., Geschichte als Historische Sozialwissenschaft, Frankfurt 1973.

Ders., Das Deutsche Kaiserreich 1871–1918, Göttingen 1973.

Ders., Der Aufstieg des amerikanischen Imperialismus. Studien zur Entwicklung des Imperium Americanum, 1865–1900, Göttingen 1974.

Ders., Modernisierungstheorie und Geschichte, Göttingen 1975.

Ders., Deutsche Gesellschaftsgeschichte, 4 Bde., München 1987/1987/1995/2003.

Ders., Entsorgung der deutschen Vergangenheit? Ein polemischer Essay zum «Historikerstreit», München 1988.

Ders. Hg., Europäischer Adel 1750–1950, Göttingen 1990.

Ders., Nationalismus. Geschichte – Formen – Folgen, München 2001.

Welskopp, Thomas, Arbeit und Macht im Hüttenwerk. Arbeits- und industrielle Beziehungen in der deutschen und amerikanischen Eisen- und Stahlindustrie von der 1860er bis zu den 1930er Jahren, Bonn 1994.

Wiegrefe, Klaus, Das Zerwürfnis. Helmut Schmidt, Jimmy Carter und die Krise der deutsch-amerikanischen Beziehungen, Berlin 2005.

Wildt, Michael, Generation des Unbedingten. Das Führungskorps des Reichssicherheitshauptamtes, Hamburg 2002.

Wunder, Bernd, Geschichte der Bürokratie in Deutschland, Frankfurt 1986.